침팬지 숲은 즐겁다

웅진주니어

침팬지 숲은 즐겁다

초판 1쇄 발행 2008년 8월 5일
초판 5쇄 발행 2011년 9월 1일

기획 최삼규 **글** 한정아
그림 문성연 **사진** 염기원 · 최삼규
발행인 최봉수 **총편집인** 이수미 **편집인** 이화정
책임편집 한재준 **편집** 김상미 · 김세희 · 이유선
디자인 윤현이 **마케팅** 박창흠, 최재근, 이승아, 박종원 **제작** 최서윤

임프린트 웅진주니어
주소 서울시 종로구 동숭동 199-16 웅진빌딩 2층
주문전화 02-3670-1570, 1571 **팩스** 02-747-1239
문의전화 02-3670-1586(편집) 02-3670-1018(영업)
홈페이지 http://www.wjjuior.com

발행처 (주)웅진씽크빅
출판신고 1980년 3월 29일 제406-2007-00046호

ⓒ 최삼규, 2008

웅진주니어는 (주)웅진씽크빅 단행본개발본부의 임프린트입니다.
저작권자와 맺은 특약에 따라 검인을 생략합니다.
이 책은 저작권법에 따라 보호받는 저작물이므로 무단전재와 무단복제를 금지하며,
이 책 내용의 전부 또는 일부를 이용하려면 반드시 저작권자와 (주)웅진씽크빅의 서면 동의를 받아야 합니다.

ISBN 978-89-01-08633-0 (74470)
ISBN 978-89-01-06087-3(세트)

이 도서의 국립중앙도서관 출판시도서목록(CIP)은 e-CIP홈페이지(http://www.nl.go.kr/cip.php)에서 이용하실 수 있습니다.
(CIP2008002228)

ISBN 978-89-01-06573-1 74470 | 978-89-01-06087-3(세트)

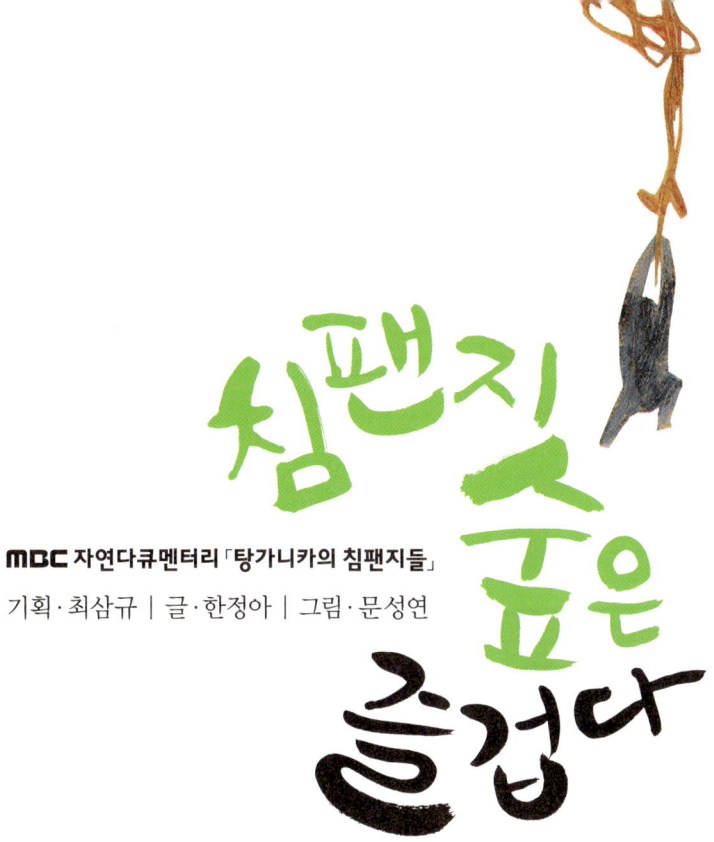

침팬지 숲은 즐겁다

MBC 자연다큐멘터리 「탕가니카의 침팬지들」

기획·최삼규 | 글·한정아 | 그림·문성연

웅진주니어

차례

1부 · 마할레의 침팬지들

여기는 마할레	12
마할레에 어서 오세요	18
우리는 이렇게 살고 있어요	40

2부 · 행복한 버피

다정한 침팬지 엄마와 새끼들   56
버피의 슬픔   78
게꾸로 할머니의 비밀   88

3부 · 자유를 되찾은 알로푸 대장

알로푸는 괜찮습니까?   104
핌의 도전   116
마할레의 평화를 위하여   130

기획자의 말   158

계속해서 들리는 침팬지들의
팬트 훗 소리,
여기는 마할레 국립공원!
우리 침팬지들의 낙원이지요.

마할레가 어디냐고요?

1부

마할레의 침팬지들

여기는 마할레

마할레가 어디냐고요?

아프리카 동쪽 탄자니아라는 나라의 탕가니카 호숫가에 있는 아름다운 밀림이에요. 이곳에서 약 230킬로미터 떨어진 곳에 제인 구달 선생님이 침팬지를 연구한 곳으로 유명한 '곰베 국립공원'이 있지요.

곰베만큼 알려져 있진 않지만 우리 마할레에도 멋진 침팬지 신사 숙녀들이 즐겁게 살고 있답니다.

"아유, 있는 대로 다 보여 주고 그게 뭐야, 창피하게!"

한때 우리 동네에선 곰베에서 침팬지 망신 다 시킨다고 야단이었어요.

맞아요, 곰베 침팬지들 때문에 우리들의 생활이 너무 노출된 것은 사실이에요. 우리에게도 감추고 싶은 비밀이 있다고요. 하지만 곰베 침팬지들도 어쩔 수 없었을 거예요. 제인 구달 선생님이 40년이나 쫓아다니셨으니 어떻게 버틸 수 있었겠어요? 게다가 우리 침팬지들이 정도 많고 제법 의리도 있는 편이거든요, 헤헤!

요즘도 곰베에는 관광객들이 많이 찾아오나 봐요. 그래서 침팬지들이 귀찮아 죽겠다고 호들갑을 떨고 있어요.

하지만 진짜 침팬지다운 침팬지들은 여기 마할레에 다 모여 있다고요. 사람의 발길이 많이 닿지 않았기 때문이지요.

야생의 모습 그대로!
그게 바로 우리 매력이지요.

♣ 세상에서 가장 긴 호수인 탕가니카 호수 옆의 약 1,613제곱킬로미터에 걸친 마할레 산맥 지역이 바로 마할레 국립공원입니다. 높이가 2,460미터인 최고봉 응쿵구웨 봉을 비롯 여러 산과 골짜기로 이루어져 있지요. 연평균 기온은 26.6도이며, 1년에 비가 1,000~1,900밀리미터 정도 내립니다. 무덥고 습한 이곳에 세계에서 가장 많은 야생 침팬지가 흩어져 살고 있어요.

큰 구름이 넓게 휘감고 있는 마할레!
그 안에 누가 살고 있고 어떤 일들이 일어나고 있을까요?

비밀스런 마할레!

마할레 산맥의 최고봉 응큼구웨 봉입니다.

마할레에 어서 오세요

　침팬지는 지구의 동물들 중 사람과 유전자가 가장 비슷한 동물입니다. 조상을 거슬러 거슬러 올라가다 보면 이 책을 읽고 있는 어린이들과 우리는 먼 친척뻘 되는지도 모르지요.
　"꺄악! 어떻게 그런 일이?"
　라고요? 모르는 말씀! 입 좀 나오고, 털 좀 북실거린다고 너무 무시하지 마세요.
　겉모습뿐 아니라 우리 유전자는 사람과 99%, 정확히 말하자면 98.7% 같고, 행동이나 사는 모습도 닮은 데가 많아요. 그래서 사람들은 우리 침팬지들을 연구하고 싶어하지요. 침팬지들의 지능은 얼마나 되고 사람이 할 수 있는 일을 얼마만큼 따라 할 수 있는지 관찰하지요. 그리고 우리를 통해 옛날부터 사람이 어떻게 변화했는지 추측하기도 하지요.

♣ 침팬지는 서아프리카 감비아 근처와 동아프리카 빅토리아 호 주변, 그리고 탕가니카 호 옆 곰베 국립공원과 마할레 국립공원 등 숲과 사바나 지대에서 삽니다. 야생 침팬지는 다 자랐을 때 똑바로 선 키가 약 1~1.7미터 정도, 몸무게는 40~50킬로그램 정도 됩니다. 보통 수컷이 암컷보다 조금 더 큽니다.

　마할레는 1985년부터 국립공원으로 지정되었는데 그보다 훨씬 먼저인 1965년부터 일본 교토 대학 영장류연구소 연구팀이 와 있어요.

　마할레 전 지역의 침팬지들을 모두 연구하는 것은 아니고요, 특별히 우리 동네 침팬지들이 예쁘고 잘 생겼다는 소문을 듣고 이곳으로 오셨다네요. 말은 통하지 않지만 눈빛만 봐도 나는 아저씨들의 마음을 잘 알 수 있답니다, 헤헤!

　마할레에 있는 침팬지 수는 적게는 700마리에서 2000마리가 넘을 수도 있다는데 나도 정확히는 몰라요. 한곳에 모여 살지 않기 때문이에요. 그 많은 침팬지가 모여 산다면 아마 난리가 날 거예요. 지금도 세 끼 다 챙겨 먹고 중간중간 간식까지 찾아먹으려면 쉴 새 없이 돌아

다녀야 하는데 그렇게 많은 수가 모여 있으면 어떻게 맛있는 것을 배불리 먹을 수 있겠어요?

여러 무리 중 마할레 중앙 부분에 살고 있는 우리 무리(M-커뮤니티라고 불러요)가 가장 수가 많아요. 그동안 연구소 아저씨들이 우리를 졸졸 따라다녀서 왜 저러나 싶기도 했는데 이젠 많이 익숙해졌어요. 요샌 연구소로 놀러도 다닌다니까요.

바로 뒤에 맛있는 레몬이 주렁주렁 달린 근사한 레몬 나무가 있거든요.

　아저씨들 덕분에 우리는 많이 세련되어졌어요. 우선 길목길목 이름 붙여서 동네길 정리했고요. 무엇보다 우리에게 이름이 생겼어요. 우리끼리는 변변한 이름이 없었는데 아저씨들이 일본어와 영어로 이름을 지어 주었어요. 어떤 과학자 아저씨들은 동물들에게 이름을 붙이는 것은 말도 안 된다고 펄펄 뛰었대요.

　"인간만이 성격이 있고 감정을 가지고 있단 말이오! 동물에겐 숫자를 붙이는 게 더 알맞아요."

　하지만 천만의 말씀. 우리도 기쁨 슬픔 즐거움 다 알고요, 각자 개성도 다 달라요.

　우리 동네만 해도 얼마나 다양한 침팬지들이 있다고요. 엄하고 무뚝뚝하지만 속 깊은 알로푸 아저씨에서부터 참하기로는 둘째가라면 서러울 나의 이상형 아카디아 누나까지!

　이제 아저씨들은 우리의 성격뿐 아니라 친한 친구, 가족 관계까지도 다 알고 계세요. 조금만

끈기를 갖고 우리 생활을 들여다보면 그런 사실들을 알아내는 것은 어렵지 않을 것 같아요. 틈만 나면 끼리끼리 모여서 털을 고르고 엄마와 아들딸들이 꼭 붙어 다니거든요.

또 아저씨들은 우리들의 건강검진도 맡아 하세요.

요즘 수의사 코리오오야마 아저씨가 아꼬 아주머니를 열심히 쫓아 다니고 있어요.

"아무래도 아꼬 여사에게 당뇨 증세가 있는 것 같아!"

그래도 그렇지 아꼬 아주머니가 볼일만 보면 그 자리를 맴돈다니까요. 참, 아꼬 아주머니는 아카디아 누나의 엄마예요. 아주 얌전하고 자식을 매우 사랑하는 분이시지요. 아주머니에게는 두 살 난 아들이 있는데요, 녀석이 장난꾸러기에다 어찌나 어리광이 심한지 자기 엄마하고 누나한테서 한시도 떨어지려 하지 않아요. 고 녀석 때문에 아카디아 누나한테 말 한 번 붙이기 어렵다니까요.

그런데 병을 조사만 할 뿐 치료는 하지 않는다는 거예요.

나는 당장 코리오오야마 아저씨께 따졌어요.

♣ 교토대 영장류 연구소는 1965년, 가장 일찍 마할레 지역에 들어와 오랫동안 침팬지를 연구하고 있습니다. 그래서 침팬지와 산과 강, 계곡 이름을 주로 일본어로 붙였지요. 영어로도 붙였지만요. 이 외에도 버지니아 공대 미생물연구팀과 프랑크푸르트 동물보호재단 연구원들이 침팬지를 연구하고 또 보호하기 위해 이곳에서 지내고 있습니다. 한편 다섯 살이 안 된 어린 침팬지들에게는 이름을 붙이지 않습니다.

"후훗후후~ 후후훗!"

"미안하다. 동물들을 자연 그대로 두는 게 연구하는 사람들의 원칙이라서 말이지. 잘못하면 유전자 변이가 일어나 어떤 일이 생길지 모른단다."

아저씨는 매우 미안해했어요.

실망스럽긴 하지만 아저씨 말을 이해 못 하는 것은 아니에요. 사람이 동물의 세계에 끼어든다면 오히려 동물의 세계를 더 혼란스럽게 할 수 있지 않을까요? 하는 수 없지요. 아꼬 아주머니에게 아무 이상이 없기를 바랄 밖에요.

마할레가 국립공원이 되기 전에는 사람들과 침팬지가 조화를 이루며 같이 살았어요. 통구웨이족이라는 부족이었는데 그 사람들이 쓰던 맷돌이 아직 남아 있답니다.

지금은 탄자니아 국립공원 관리소 직원과 침팬지를 보러온 관광객들을 안내하는 현지 주민들, 여러 나라에서 온 연구원들이 마할레에 살아요.

그런데 드디어!

우리 마할레에 뜻밖의 사람들이 찾아왔어요!

2007년 5월 마할레의 침팬지들을 찍으러 대한민국 MBC 방송국 아저씨들이 온 거예요.

"애들아! 드디어 우리도 방송 탄다! 방송!"

나는 이 나무 저 나무 바쁘게 옮겨 다니며 소리를 질러 댔어요.

와우! 정말 신나는 일이에요.

그동안 어떤 방송국도 우리를 찾아온 적이 없었거든요. 자연 다큐멘터리로 유명한 BBC, 내셔널 지오그래픽, NHK 등 여러 팀들이 곰베를 촬영했지만 마할레에는 온 적이 없어요. 이곳은 사실 촬영팀이 머무를 숙소로 마땅한 곳이 없어요. 오면 고생할 게 뻔하니까 안 오시는 것 같더라고요. 곰베는 이미 관광지처럼 되어서 교통이나 숙소, 여러 면에서 여기보다 편리해요. 더군다나 곰베 침팬지들은 촬영팀 아저씨들이

"이쁜 짓!"

하면 카메라 앞에서 제대로 포즈를 취하겠지만 우리는 방송국 카메라 구경 한번 한 적 없으니 어리숙하게 굴 건 뻔한 게 아니겠어요? 2007년 3월에 MBC 방송국 아저씨들이 답사를 왔을 때 저는 아저

♣ 마할레 국립공원에 가려면 보통 탄자니아의 수도인 다르 에스 살람에서 비행기를 갈아타고 키고마까지 갑니다. 키고마에서 탕가니카 호수까지 차로 달린 뒤 모터보트를 타고 약 6~7시간을 더 가야 하지요.
관광객들은 건기인 5월에서 10월 사이에 이곳을 찾습니다.

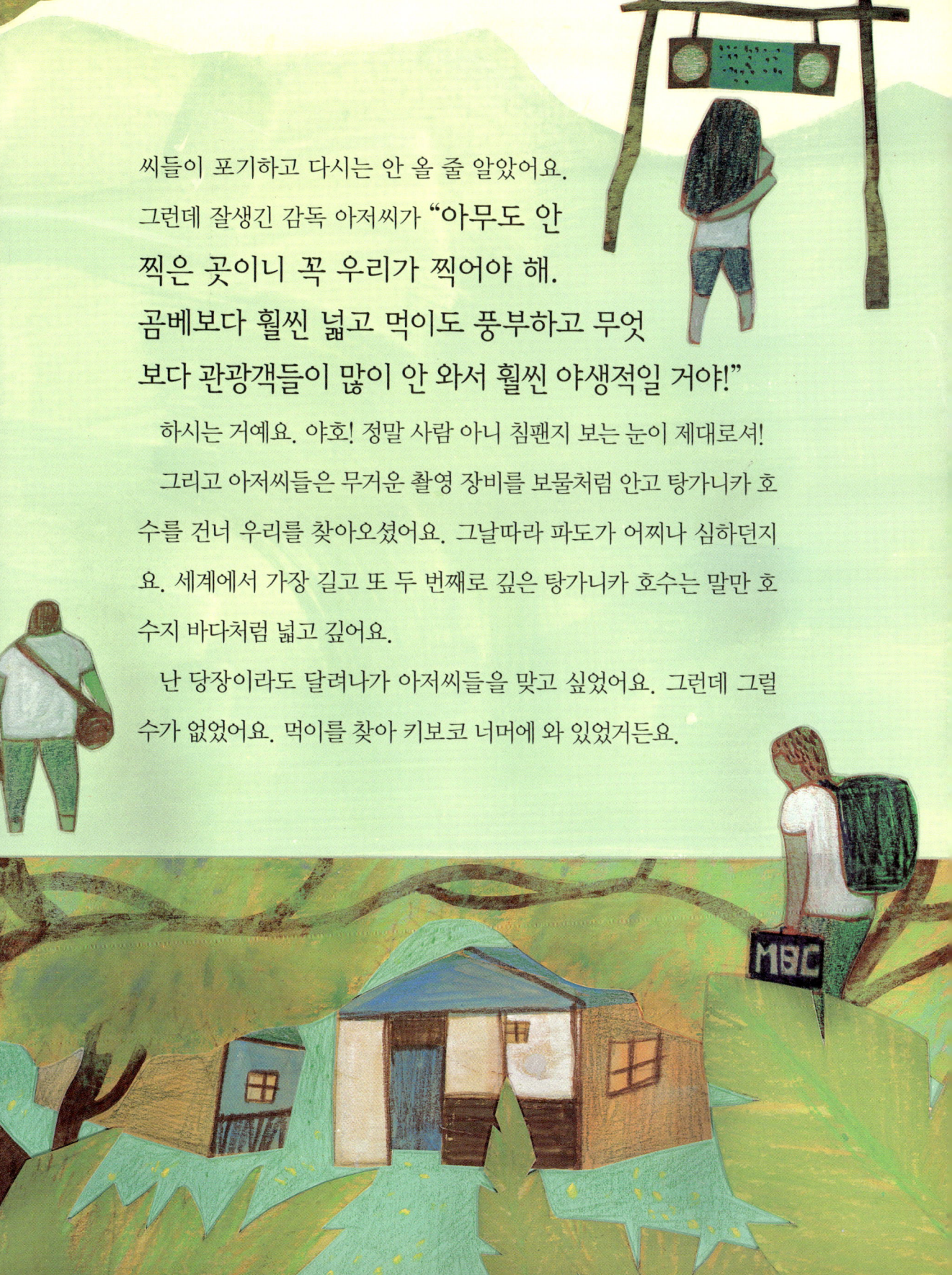

씨들이 포기하고 다시는 안 올 줄 알았어요. 그런데 잘생긴 감독 아저씨가 "아무도 안 찍은 곳이니 꼭 우리가 찍어야 해. 곰베보다 훨씬 넓고 먹이도 풍부하고 무엇보다 관광객들이 많이 안 와서 훨씬 야생적일 거야!" 하시는 거예요. 야호! 정말 사람 아니 침팬지 보는 눈이 제대로셔!

그리고 아저씨들은 무거운 촬영 장비를 보물처럼 안고 탕가니카 호수를 건너 우리를 찾아오셨어요. 그날따라 파도가 어찌나 심하던지요. 세계에서 가장 길고 또 두 번째로 깊은 탕가니카 호수는 말만 호수지 바다처럼 넓고 깊어요.

난 당장이라도 달려나가 아저씨들을 맞고 싶었어요. 그런데 그럴 수가 없었어요. 먹이를 찾아 키보코 너머에 와 있었거든요.

정말 요즘 날씨는 너무해요. 우기가 지났는데도 햇빛이 쨍쨍 내리쬐지 않을 게 뭐람! 덕분에 나무 열매가 익지 않아서 우리는 키보코까지 넘은 거예요.

'아유! 어쩌지, 아저씨들이 낭떠러지로 둘러싸인 여기 키보코까지 넘어오기가 쉽지 않을 텐데……'

나는 애들을 불러 모았어요.

"후후후훗~!"

"후훗~."

여기저기서 답하는 소리가 들리고 또래 침팬지들이 모여들었어요.

"얘들아, 아저씨들이 먼 길 오셨는데 인사라도 드려야 하지 않겠니?"

"그래, 그래!"

애들이 소리를 지르며 그냥 우르르 몰려갈 기세였어요. 어휴! 내 친구들은 정말 못말린다니까요!

"그냥 가면 어떻게 해. 털이라도 가지런히 하고 가야지!"

우리는 한 줄로 죽 서서 한참동안 서로 털을 골라 주었어요.

털고르기를 끝내고 신나게 가려는데 쿵쿵 소리와 함께 커다란 그림자가 우리 앞을 가로막았어요.

바로 우리 무리의 대장 알로푸 아저씨였어요.

키가 크고 어깨가 떡 벌어진 알로푸 아저씨는 언뜻 보면 무서워 보이지만 마음은 부드러운 남자예요! 언제나 의젓하고 우리들에게 잘 해주시지요.

어떤 곳은 대장이 2년마다 바뀐다던데 알로푸 아저씨는 5년째 우리의 대장이에요. 아직까지 우리 동네 수컷 침팬지 중에서 가장 힘이 세기 때문이지요.

우리는 알로푸 아저씨 앞에 넙죽 허리를 굽혔어요. 알로푸 아저씨는 우리를 한번 쭈욱 훑어보셨어요.

"털을 예쁘게 골랐구나!"

그러고는 천천히 고개를 가로저었어요. 에구, 길게 말하지 않아도 뻔하지요.

"내려가선 안 된다! 위험하다!"

누가 감히 대장의 뜻을 거역하겠어요. 모두들 낑낑거리며 몸을 움츠리고는 슬슬 그 자리를 떴어요. 나도 그냥 갈까 하다가 마탐부카 나무 뒤에 숨어 버렸어요.

그런데 잠시 후, 알로푸 아저씨가 휘적휘적 팔을 휘저으면 산 아래로 내려가지 않겠어요? 그러니까 아저씨의 우람한 어깨가 더 커 보여요. 아저씨의 큰 손에 한 대 맞으면 나는 저만치 나가떨어질 거예요.

걸리면 혼나겠지만 난 용기를 내어 아저씨를 몰래 따라갔어요. 안 들키면 되지요 뭐!

　거의 통구웨이족 맷돌에 다다랐을 때 길 한 쪽에 파나나 아저씨가 한가로이 누워 있었어요. 파나나 아저씨는 알로푸 아저씨가 대장이 되기 전 대장이에요. 그러니까 전직 대통령이라고 할 수 있지요. 털빛이 좀 바래긴 했지만 여전히 무게 있어 보이는 파나나 아저씨예요.

　"여어! 알로푸, 어디 가나?"

　"음. 별일 없나 순찰 중일세. 열매가 먹을 만치 익었는지 살펴볼 겸 말이야. 자네는 아주 좋아 보이는군!"

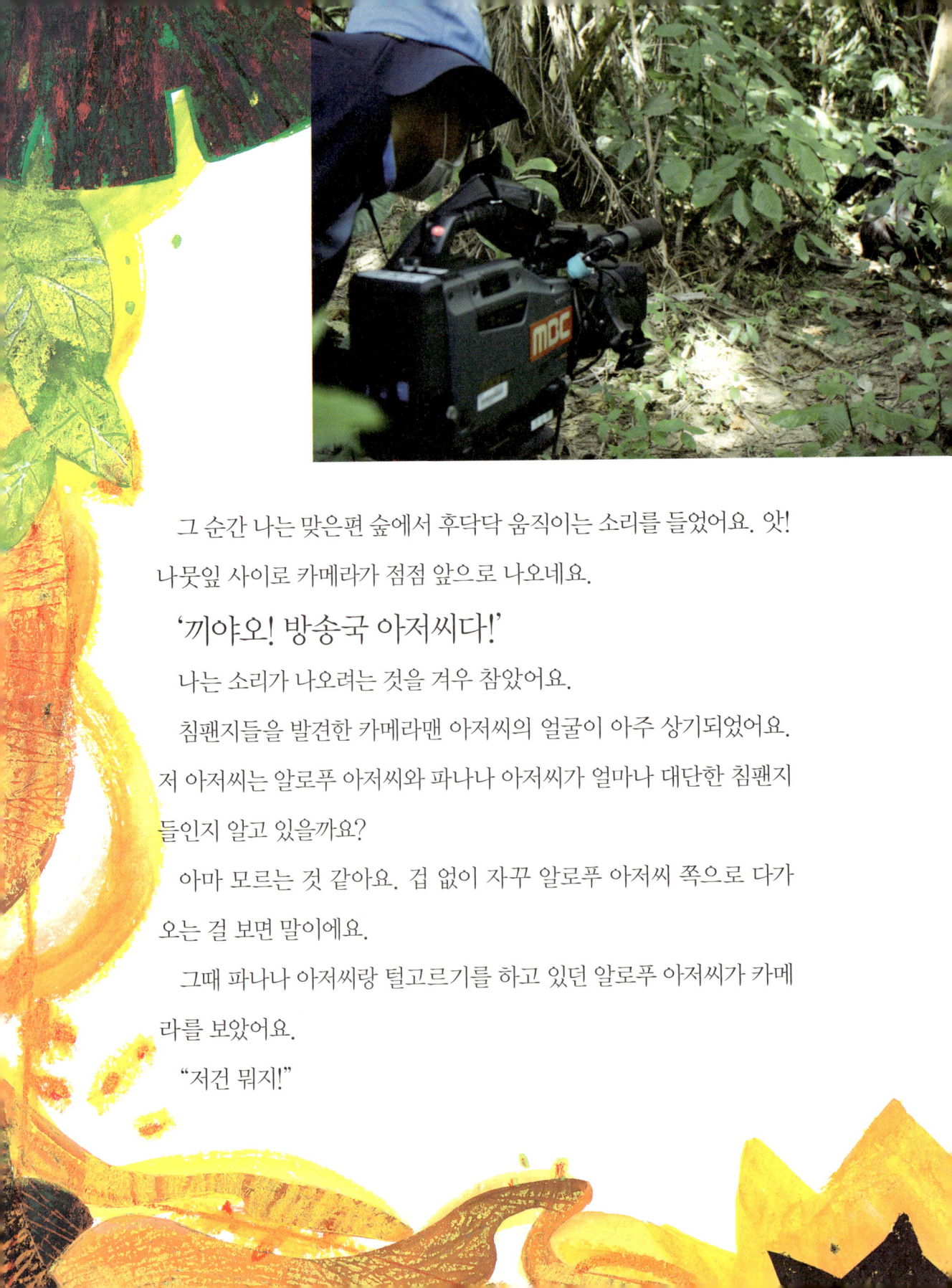

그 순간 나는 맞은편 숲에서 후닥닥 움직이는 소리를 들었어요. 앗! 나뭇잎 사이로 카메라가 점점 앞으로 나오네요.

'끼야오! 방송국 아저씨다!'

나는 소리가 나오려는 것을 겨우 참았어요.

침팬지들을 발견한 카메라맨 아저씨의 얼굴이 아주 상기되었어요. 저 아저씨는 알로푸 아저씨와 파나나 아저씨가 얼마나 대단한 침팬지들인지 알고 있을까요?

아마 모르는 것 같아요. 겁 없이 자꾸 알로푸 아저씨 쪽으로 다가오는 걸 보면 말이에요.

그때 파나나 아저씨랑 털고르기를 하고 있던 알로푸 아저씨가 카메라를 보았어요.

"저건 뭐지!"

알로푸 아저씨는 뚜벅뚜벅 카메라 앞으로 바짝 다가갔어요. 가만히 있긴 했지만 카메라맨 아저씨도 매우 놀란 것 같았어요.

알로푸 아저씨는 잠시동안 카메라와 카메라맨 아저씨를 지그시 노려보았어요. 그 힘 있는 특유의 눈빛으로요!

'당신들 여기서 뭐 하는 거요?'

역시 우리 동네 대장! 알로푸 아저씨! 정말 배짱 두둑하고 용감무쌍, 천상 대장감이라니까요! 나중에 애들한테 이 일을 이야기해 줬더니 멋있다고 꺅꺅 소리를 지르고 난리였어요.

어! 촬영팀의 또 다른 아저씨가 나를 발견한 것 같아요.

"아! 잠깐요! 잠깐요!"

쑥스러운데 카메라가 자꾸 따라오네요.

우리는 이렇게 살고 있어요

한동안 우리는 키보코 너머로 가지 않았어요. 오히려 개울 건너 동쪽 더 높은 봉우리까지 갔다왔어요. 그곳에만 열리는 **미볼라 열매**를 따먹으려고요. 우리가 가장 좋아하는 열매는 **산피에라 카펜시스, 레몬, 사바 플로리다 열매**, 그 다음이 **종고롤로**예요. 하지만 지금 이것저것 가릴 때가 아니에요.

흑! 바야흐로 침팬지 보릿고개!

우기가 지났는데도 비가 내려서 먹을 것이 부족하답니다. 하지만 조금 있으면 칸시아나 계곡에 야생 레몬이 열릴 거예요.

아! 시큼한 레몬 얼른 먹고 싶어라!

산피에라 카펜시스 열매

산피에라 카펜시스 열매를 씹고 난 후 뱉은 덩어리입니다. 워치라고 해요.

사바 플로리다 열매

우리가 과일과 나무 열매만 먹는 것은 아니에요. 단백질도 좀 먹어야 건강을 지키지요. 우리의 건강식으로는 **영양만점 개미**가 있어요.

우리 동네 개미 사냥 선수는 역시 게꾸로 할머니예요. 게꾸로 할머니는 올해 나이가 마흔다섯 살이나 되었고 한쪽 다리를 저는데도 개미를 잘 잡아요. 한 자리에서 조용히 앉아서 하는 일이라 오히려 할머니가 더 잘 하시는 것도 같아요.

"자, 이 나뭇가지를 잘 훑어서 개미가 많게 생긴 구멍을 골라 쏙 집어넣으란 말이야. 무엇보다 손끝에 느껴지는 감각과 침착함, 또 끈기가 중요해!"

할머니가 만든 개미 낚싯대에는 언제나 개미들이 많이 붙어 있어요. 바글바글한 개미들을 한입에 싹! 드시며,

"너희들도 나만큼 살면 잘 잡을 수 있을 게다, 암~!"

이라고 말씀하실 때는 좀 야속하기도 하지요.

♣ 침팬지들이 풀줄기를 이용해서 개미를 핥아먹고, 원숭이나 부시벅 등 큰 동물을 사냥해서 고기를 먹는 잡식성이라는 사실은 제인 구달 선생님이 처음으로 밝혀낸 것입니다. 수십 년을 곰베에서 야생 침팬지들과 함께 생활하고 연구하며 침팬지가 동물 중 가장 다양한 도구를 사용한다는 것도 밝혔지요.

가끔 원숭이나 부시벅 같은 동물들을 사냥해서 그 고기를 먹기도 하는데 **가장 요란한 사냥은 바로 레드 콜로부스 원숭이 사냥이에요.**

먼저 수컷 침팬지들이 레드 콜로부스 원숭이를 한곳으로 몰아요. 주로 암컷이나 새끼 레드 콜로부스 원숭이가 사냥감이 되지요. 나무 꼭대기까지 몰려 소리를 지르며 우왕좌왕할 때는 애처롭기도 하지만 어쩌겠어요. 그게 다 밀림에서 살아가는 길인걸요.

♣ 마할레 숲에는 침팬지 외에도 레드 콜로부스 원숭이, 붉은 꼬리 원숭이, 부시벅, 워쓰혹(멧돼지) 등 다양한 동물들과 크고 작은 많은 새들이 삽니다. 탕가니카 호수에는 1,000여 종이 넘는 물고기가 살지요.

사냥한 고기는 우리도 먹고 싶지만 우선 서열이 높은 침팬지 아저씨들이 드시길 얌전히 기다려야 해요.

다 큰 수컷들은 어미와 새끼 무리들과 떨어져 수컷끼리 지내는데, 힘이 센 순서대로 서열이 있어요. 우리 무리에서는 대장이 알로푸 아저씨, 2위가 보노보 아저씨, 3위는 핌 아저씨, 4위가 프리머스 아저씨랍니다.

서열 높은 침팬지들은 다른 침팬지들로부터 무리를 지키기 위해 대장을 중심으로 협력해요. 셋 또는 다섯이 함께 영역을 순찰하고 다른 침팬지가 침입이라도 할라치면 아주 무섭게 다루지요. 하긴 우리 무리는 65마리나 되기 때문에 다른 침팬지들이 함부로 건들지는 못해요.

그래도 아저씨들은 안심이 안 되는지 다른 무리와의 경계에 가서 힘자랑을 하지요. 튼튼해 보이는 나뭇가지 마구 분질러 던져 놓고, 때로는, 이건 좀 지저분해서 그만 하셨으면 좋겠는데, **대소변을 왕창 군데군데 봐 놓으면 효과가 만점이라네요!**

하지만 권력은 정말 비정한 거예요. 알로푸 아저씨가 파나나 아저씨한테 대장자리를 빼앗은 어느 날처럼 느닷없이 알로푸 아저씨도 대장자리에서 쫓겨날 수 있지요! 겉으로는 조용해 보이지만 젊은 수컷 침팬지들은 언제나 대장자리를 노려요.

한동안 평화로웠는데 요새 핌 아저씨가 너무 자주 힘자랑을 해요. 잘못한 것도 없는데 길에서 만나면 괜히 나무통을 퍽퍽 차서 굴려 버리곤 하는 거예요. 아우, 혹시라도 나무통에 맞으면 뼈 부러질까 봐 무서워서 곁에 가지도 못하겠어요.

　그런데 암컷 침팬지들은 무서워하면서도 핌 아저씨를 피해 도망가지는 않아요. 암컷 침팬지들은 강한 수컷 침팬지를 좋아하는 걸까요?
　침팬지 암컷들은 발정기가 되면 엉덩이 주변이 빨갛게 부풀어 올라요. 이때 대장하고 짝짓기해서 새끼를 낳아요. 건강한 새끼를 낳기 위해서지요.
　아, 온 동네 이야기를 다 하려니 목이 마르네요.

♣ 침팬지의 발정기는 암컷마다 다르고 시기가 정해져 있지는 않습니다. 보통 13~14세가 되면 첫 발정을 합니다. 이때부터 임신이 가능하지요. 임신 기간은 약 9개월 정도이고 주로 한 마리를 낳는데 가끔 쌍둥이도 낳습니다.

물부터 마시고 봐야겠어요.

나는 나뭇잎을 잘근잘근 씹어 물에 담갔다가 스폰지처럼 짜서 물을 마셨어요. 예의를 차려야 하는 자리에서 우리 침팬지들이 물을 먹는 방법이지요. 물론 대부분은 물가에 엎드려 입을 대고 마시지만요.

'그나저나 몰래카메라도 아니고 이거 원 신경 쓰여서……. 도대체 카메라는 어디 있는 거야!'

나는 머리털을 매만지며 주변을 흘끔흘끔 살펴보았어요.

카메라를 워낙 잘 숨겨 놓으셨는지 안 보이네요. 대신 저기 버피가 보여요.

에휴, 버피는 또 혼자 이코코 나무에 걸터앉아 허공을 하염없이 보고 있어요. 언제까지 저럴는지 정말 딱해요.

"안녕 버피! 뭐 하니?"

버피의 기분을 풀어 주려고 다가갔는데

"이 녀석 우리 버피한테 무슨 볼일 있니?"

게꾸로 할머니가 냉큼 나타나 버피를 끌어안다시피 데려가 버리시는 거에요. 참! 내가 버피한테 몹쓸 장난이라도 할까 봐 그러는 모양이에요. 사람 아니 침팬지 마음을 몰라도 이럴 수가. 게꾸로 할머니가 저러시면 안 되는데 말이에요. 애를 너무 싸안고 키워요, 과잉 보호라니까요, 과잉 보호!

　어느덧 해가 지려 하네요. 탕가니카 호수 위 하늘에 빨간 노을이 넓게 퍼져 가요. 오늘의 잠자리를 만들 시간이에요. 우리들은 나무에 매일 새로운 잠자리를 만들어요.

　두 갈래로 갈라진 나뭇가지나 두 개의 나뭇가지를 나란히 놓아 받침대를 삼고요, 부드러운 나뭇잎이 달린 잔가지들을 차곡차곡 쌓으면 편안한 침팬지 침대가 만들어지지요.

아~흠! 자자!
먹을 것도 주고 포근한 잠자리도 주고.
나무는 엄마 같아요.

2부
행복한 버피

다정한 침팬지 엄마와 새끼들

어느덧 7월, 비가 그치면서 나무 열매들이 먹음직스럽게 익어 가고 있어요. 산 아래에 **이크비라 열매**가 한참 익을 때지요. 날씨도 선선하고 딱 살기 좋은 계절이에요. 이곳은 1년 내내 기온이 높은데 특히 11월에서 2월 사이에 가장 더워서 기온이 35도를 오르내릴 정도예요. 12월부터 5월까지는 비가 많이 와요. 비가 그치고 햇빛이 내리쬐면 열매들이 맛있게 익어 가지요. 올해는 우기가 끝나고도 비가 많이 내려서 열매들이 좀 늦게 익은 편이에요.

늘어지게 자고 일어나면 탐스러운 열매들이 주렁주렁! 아, 보기만 해도 배가 부른 것 같아요. 아침은 꼭 챙겨 먹어야 하니, 얼른 자리를 박차고 나갔어요.

벌써 부지런한 침팬지들이 이 나무 저 나무 성큼성큼 옮겨 다니고 있네요. 길고 억센 팔로 나뭇가지를 꽉 붙잡고 말이지요. 새끼 침팬지들은 가느다란 팔로 엄마의 목을 꼭 끌어안고 대롱대롱 매달려 있네요.

'앗! 아카디아 누나다!'

나는 아꼬 아주머니 가족을 몰래 따라갔어요.

아꼬 아주머니가 앞장을 서고 아카디아 누나가 엄마를 열심히 따라가고 있어요. 그런데 엄마 목에 매달린 막내 녀석이 나를 봤나 봐요. 제 엄마에게 낑낑대며 뭐라고 하는 것 같아요. 물론 아꼬 아주머니는

"아가, 가만 있어요. 지금은 엄마가 바쁘니까 장난치면 안 돼!"

하면서 신경도 쓰지 않았지요! 나는 그 녀석을 향해 인상을 한번 팍 썼어요. 겁을 먹었는지 엄마가 제 말에 귀를 기울이지 않아서인지 녀석이 금방 잠잠해졌어요.

아꼬 아주머니가 이크비라 나무 숲으로 접어들 때 나는 먼저 가 열매가 가장 많이 달린 나무를 점찍어 두었어요. 그리고 한 팔을 걸고 멋있게 매달려 있었지요.

팔이 슬슬 아파 올 때쯤 아꼬 아주머니 가족이 도착했어요.

"아주머니 안녕하세요! 아카디아 누나 안녕! 이크비라 열매가 잘 익었는데 같이 드실래요?"

아주머니는 노란 포도송이 같은 열매가 풍성히 매달린 나무를 보고 아주 좋아하셨어요.

"그래, 고맙다. 아주 먹음직스러워 보이는구나. 얘들아, 어서 먹자."

정말 이크비라 열매는 꿀맛이었어요. 아카디아 누나가 가까이 있는데 뭔들 안 맛있겠어요? 헤헤! 막내 녀석만 없으면 딱 좋은데, 고 녀석이 열매를 따 먹다가도 누나에게 자꾸 장난을 거는 거예요.

'저 녀석을 한 대 콩 쥐어박아 줄 수도 없고!'

녀석이 얼른 혼자 노는 법을 배워야 할 텐데요, 참!

보다 못한 아꼬 아주머니가 녀석을 끌어당겼어요.

"아가! 이렇게 높은 데서 장난치다 떨어지면 큰일나요!"

나는 아주머니가 녀석을 단단히 혼낼 줄 알았어요. 그런데 사랑스럽게 품에 안고는 정성껏 털을 골라 주시는 거 있지요!

'에구! 녀석이 저러니 버릇이 없지!'

하면서도 갑자기 눈물이 나려고 해요. 괜히 엄마 생각이 날 게 뭐람! 난 이크비라 열매를 입 안 가득 넣고 우물우물 먹어 댔어요. 그때 산 아래서

"후후후훗~, 훗후후~!"

팬트 훗 소리가 크게 들려왔어요. 어찌나 요란한지 숲 전체가 들썩들썩했다니까요!

"어머, 동네 아주머니들이 다 모인 모양이네!"

아꼬 아주머니는 냉큼 막내를 업고 내려갈 채비를 했어요.

"곧 가요~."

♣ 팬트 훗이란 침팬지들이 내는 소리를 말합니다. 사람들의 목소리가 다른 것처럼 침팬지도 각기 고유한 약 30가지 정도의 소리로 감정이나 의사 표현을 합니다. 소리뿐 아니라 다양한 표정과 몸짓으로 의사 표현을 한답니다.

아카디아 누나도 아주머니를 따라 내려가네요. 할 수 없지요, 나는 쫄랑쫄랑 아카디아 누나 뒤를 따라갔어요.

오! 수다소리가 예사롭지 않더니 우리 동네 암컷 침팬지들은 다 모인 것 같아요.

어디선가 방송국 카메라도 바쁘게 돌아가고 있겠지요?

음, 오늘은 카메라가 피카스 나무 뒤에 있는 것 같아요. 밤새 연습한 각도를 잘 유지하고 큼! 큼!

제가 모인 아줌마들 소개를 해 볼까요? 먼저 현재 50세로 가장 나이가 많은 와쿠시 할머니. 할머니는 알로푸 대장님의 엄마예요.

그 다음으로 나이가 많은 게꾸로 할머니, 착하고 정이 많은 분이지요. 그런데 참 이상하지요? 게꾸로 할머니만 나타나면 안내인 아저씨와 촬영팀 아저씨들이 허겁지겁 뛰어와요.

예쁜 아카디아 누나라면 몰라도 게꾸로 할머니를 뭐 하러 찍을까요?

그런데 오늘도 방송국 아저씨들이 게꾸로 할머니와 버피를 열심히 카메라에 담는 게 아니겠어요?

'혹시 사람들의 침팬지 보는 눈이 우리하고 다른가?'

이상하기도 하고 궁금하기도 하네요. 어쨌든 방송 좀 타려면 앞으로는 게꾸로 할머니를 쫓아다녀야 할 것 같아요, 헤헤!

게꾸로 할머니 옆에 있으려고 다가가는데 앗! 파투마 할머니가 나타나셨어요.

파투마 할머니는 무서운 할머니예요.

나이가 많지만 여전히 용맹한 사냥꾼이지요! 얼마 전에도 나뭇잎을 뜯어 먹고 있는 부시벅 새끼를 단숨에 잡은 일이 있어요.

우리는 혹시 고기 쪼가리라도 얻어 먹을까 해서 할머니 주변으로 몰려들었지요. 동물을 사냥한 침팬지가 그 고기를 먹기 때문에 할머니의 처분만 기다리고 있었어요. 그런데 아무리 줄을 서 있어도 나눠 줄 생각이 조금도 없어 보이는 거예요. 게다가 치사하게 사냥감을 꼭 쥐고 나무 위로 올라가 버리기까지!

"훗후후~후!"

우리가 소리를 지르며 쫓아올라갔지만 할머니는 아랑곳하지 않고 꾸역꾸역 그 고기를 혼자 다 드셨답니다.

어쩜! 아들인 핌 아저씨도 손가락만 빨고 그냥 쳐다보고 있는 거 있지요! 난 할머니가 좀 얄미웠어요. 그래서 땅에 떨어진 고기 조각을 슬쩍하고 말았답니다.

아직 사냥할 힘도 없고 어쩌겠어요. 그렇게라도 고기 맛을 좀 봐야지요! 물론 나쁜 짓이지요. 반성하고 있어요.

하지만 파투마 할머니도 너무하셨어요.

"어휴, 욕심도 많아! 어떻게 제 새끼도 모른 척하나!"

다른 침팬지들도 수군수군 말이 많았어요. 하지만 파투마 할머니가 나타나면 모두 조용해진답니다.

아무리 사나운 암컷이라도, 비록 혼자 사냥한 고기를 다 먹었더라도 엄마는 엄마예요. 파투마 할머니는 핌 아저씨 역성을 들고 있어요.

"동네 좀 시끄러운 게 대수야? 사실 우리 핌만한 수컷 침팬지가 어디 있다고, 동네 제일이지, 암!"

"시끄러! 쌈질하고 다니는 놈 편이나 들고! 자식 교육이나 잘 시켜, 고슴도치도 제 새끼는 이쁘다더니 원!"

동네 최고령 와쿠시 할머니 눈에 힘이 들어가자 파투마 할머니도 움찔하신 것 같았어요.

"아이고, 살살 말해요! 다 큰 숫놈들이야 지들끼리 몰려 다니지 어미 말 들어? 그런데 고슴도치가 뭐요? 맛난 거요?"

파투마 할머니가 입맛을 '쩝' 다셨어요. 킥킥, 정말 엉뚱한 파투마 할머니! 와쿠시 할머니도 고개를 절레절레 저으며 '내가 말을 말아야지 원!' 하고 눈을 감아 버리시네요.

"자! 자식들 일은 자식들보고 알아서 하라고 하고 우리는 털이나 마저 고릅시다."

♣ 어미 침팬지는 약 2~3년 동안 새끼에게 젖을 먹이고 업어 주며 애지중지 키웁니다. 사람과 다를 바 없지요. 암컷 무리는 자주 함께 모이지만 수컷과 달리 서열은 없답니다.

꺼꾸로 할머니가 말씀하시자 두 분 모두 못 이기는 체 하고 본격적인 털고르기 자세로 들어가셨어요.

사실 그래요. 열 살만 되어도 수컷 침팬지들은 어미 품을 떠나 수컷들끼리 생활을 해요. 파투마 할머니는 핌 아저씨랑 얘기 나눠 본 지도 오래 되었을지 몰라요!

그런데 또 털고르기냐고요? 먹고 자고 말고는 털고르기밖에 안 한다고요?

모르시는 말씀! 털고르기는 침팬지에게 아주 중요한 행사예요. 털고르기로 우애와 관심을 표현하고 같은 무리끼리 연대감을 키워 나가지요. 절대 게으르거나 할 일이 없어서 털만 고르고 있는 게 아니라고요!

보세요, 젊은 암컷 침팬지들도 열심히 털을 고르고 있지요? 아꼬 아주머니, 크리스티나 아주머니, 스왈라 아주머니, 그리고 낯선 얼굴이 있네요. 아마 옆 무리에서 새로 시집 온 새색시인 듯해요. 수컷들과 달리 암컷들은 다른 무리로 옮겨 가는 일이 종종 있어요. 혹시 같은 무리의 침팬지 사이에서만 태어나면 그 새끼가 건강하지 못할 수도 있기 때문이에요.

맹자 어머니만 자식을 위해 세 번 이사한 게 아니랍니다. 침팬지 엄마들도 좋은 유전자를 가진 새끼를 얻기 위해 최선을 다하고 자식 사랑 또한 사람들 못지않답니다.

새끼 침팬지들이 모여 있으면 정말 정신이 없어요.

이리 데굴 저리 데굴 굴러 나뭇잎 범벅이 되더니

나무에 오르락내리락 난리가 났네요.

어라! 아꼬 아주머니네 막내는 나무줄기에 매달려 아슬아슬 줄타기까지 합니다.

♣ 침팬지는 나무 위와 땅을 오가며 생활합니다. 튼튼하고 강한 두 팔로 나무줄기나 가지를 붙잡고 이 나무에서 저 나무로 이동하지요. 땅 위에서는 두 팔, 두 다리로 걸어다니고 가끔 뛰기도 하는데 정말 빠르답니다.

아직 어린 녀석이라 한 번 떨어질 법도 한데, 신기하게도 영 안 떨어진단 말이에요!

아꼬 아주머니는 고 녀석에게서 눈을 못 떼더니 결국 끌어다가 품에 꼭 안고 털을 골라 주십니다. 아카디아 누나까지 아주머니와 같이 동생의 털을 고루고루 골라 주네요. 정말 복도 많은 녀석이에요!

버피는 오늘도 한쪽에서 얌전히 **피카스 열매**를 먹고 있습니다. 그 모습을 본 게꾸로 할머니가 다가와 버피를 꼭 안아 줍니다.

늘 그런 것처럼 천천히 한참동안!

이윽고 게꾸로 할머니가 버피의 털을 골라 주시네요.

"게꾸로 아주머니! 나이 들어 애 키우시느라 힘드시겠어요."

"힘들긴? 애가 착해서 괜찮아. 오히려 걱정이야, 다른 애들처럼 잘 뛰어놀고 그래야 할 텐데……!"

그런데 게꾸로 할머니가 왜 버피를 키우냐고요? 손녀쯤 되는 거 아니냐고요? 아니면 늦둥이?

아니에요. 게꾸로 할머니와 버피에게는 그만한 사연이 있답니다.

아! 맞아요!

방송국 아저씨들도 그래서 게꾸로 할머니를 열심히 찍었나 봐요. 아저씨들 소식도 빠르고 동작도 빠른 거 못 당하겠는걸요!

버피의 슬픔

버피뿐이 아닐 거예요.

아직까지 그 일로 슬퍼하는 침팬지가 또 있을 거예요. 웃고 떠들고 신나게 놀아도 슬픈, 어린 침팬지가 또 있을 거라고요!

작년, 우리 동네에 큰일이 났었어요.

온 동네에 독감이 퍼진 거예요. 면역력이 없는 우리에게 독감은 치명적인 병이에요.

숲 여기저기에서 독감에 걸린 침팬지들이 나타났고, 며칠 지나지 않아 죽어 갔어요.

결국 열네 마리나 되는 침팬지가 희생되었지요. 혼자 또는 여럿이 함께 눈을 감고 쓰러진 모습이 마치 잠을 자는 것 같았어요.

그 중에 버피의 엄마도 있었어요.

"엄마! 엄마!"

죽은 엄마 옆에서 버피가 훌쩍훌쩍 울던 게 생각나네요.

그때 게꾸로 할머니가 버피에게 다가오더니 꼬옥 안아 주셨어요.

"버피야, 울지 마라. 내가 엄마가 되어 주마."

버피는 너무 어렸고, 보살펴 줄 엄마가 꼭 필요했어요.

버피가 게꾸로 할머니를 따라간 후, 나는 다시 우리 엄마에게 가 보았어요.

'정말 엄마가 죽은 걸까?'

나는 한참 동안 엄마 곁에 앉아 있었어요.

"엄마!"

엄마는 대답도 없었고 움직이지도 않았어요. 하지만 나는 엄마 곁을 떠나고 싶지 않았어요. 그러고 있는데 다윈 아저씨가 오시더니 묵묵히 손을 내미시더라고요.

♣ 침팬지도 감기에 걸리면 콧물이 나고 재채기를 합니다. 대체로 감기는 시간이 지나면 낫지만 독감이 돌거나 새로운 병원균이 들어와 전염병이 돌면 많은 침팬지들이 희생당하기도 합니다.

다윈 아저씨는 고아 침팬지들을 데려다 키우는, 동네에선 '심청 아빠'로 통하는 분이에요. 그 날은 다윈 아저씨와 함께 지냈지요.

아저씨는 좋은 분이었지만 나는 혼자 지낼 수 있다고 말씀드렸어요. 엄마한테 씩씩하게 잘 살겠다고 약속했거든요.

게꾸로 할머니도 그날 일을 생각하는 걸까요. 버피를 다시 꼬옥 안았다 놓으시네요.

"버피, 이리 와 봐라!"

할머니는 버피를 데리고 마탐부카 나무 위로 올라갔어요.

"이 나뭇잎을 씹어 보렴. 달짝지근하니 먹을 만하지? 나무 열매가 없을 때는 이런 나뭇잎을 먹어도 된단다, 굶지 말고."

버피는 게꾸로 할머니를 따라 나뭇잎을 따고 씹어 뱉었어요.

"그런데 이게 무슨 소리야? 또 사람들 소리 아니야?"

관광객들이 올라오자 게꾸로 할머니는 이맛살을 찌푸렸어요

"안 되겠다, 버피. 이리 온."

할머니는 버피를 데리고 덩굴 숲으로 들어가 버렸어요. 게꾸로 할머니 뿐 아니라 어미 침팬지들은 사람을 항상 경계하지요. 새끼를 해칠지도 모르니까요.

관광객들이 투덜거리는 소리가 들리네요. 침팬지 보겠다고 아프리카 밀림까지 왔는데, 기껏 만난 침팬지 모녀가 금방 사라져 버렸으니 말이에요.

하지만 생각해 보세요. 가족과 한가롭게 식사하고 싶은데 누가 기웃거리며 구경하면 좋겠어요? 게꾸로 할머니도 버피와 편안한 시간을 보내고 싶은 거예요.

숲에 들어가니 게꾸로 할머니와 버피가 다정히 걸어가고 있어요. 나는 게꾸로 할머니와 버피 뒤를 천천히 따라갔지요.

할머니 말씀대로 버피가 밝게 웃으면 좋을 텐데……. 언제쯤 버피는 슬픔에서 벗어날 수 있을까요? 엄마를 잊는다는 건…… 참 어려운 일이에요. 특히 어린 나이에 억지로 엄마와 헤어진다는 것은…….

"버피야, 힘내!"

나무를 타고 제법 놀기도 하는 버피, 그래도 조금씩 나아지고 있는 것 같아요. 다 게꾸로 할머니 덕분이지요.

나무 그늘에서 한참 앉아 있던 게꾸로 할머니가 일어서자 버피가 쪼르르 내려오네요.

할머니와 버피가 숲을 가로지르고 사람들의 숙소를 지나 가는 곳은 탕가니카 호수예요.

게꾸로 할머니는 버피를 데리고 호숫가 바위로 갔어요. 바위 밑으로 흘러들어오는 물을 먹으려는 거예요. 침팬지는 물을 좋아하지는 않지만 꼭 먹어야 해요.

할머니가 있는데도 버피는 무서운가 봐요. 물 가까이 가려 하지 않아요.

"괜찮다, 버피. 파도가 밀려오기 전에 먹으면 되지 않니?"

할머니와 버피는 얼른 물을 마시고 물이 밀려오기 전에 바위 위로 올라왔어요.

잠시 후 물이 밀려왔어요. 버피는 혹시 발끝이라도 닿을까 싶어 할머니 곁에 바짝 붙었어요. 다시 물이 빠져나가자 할머니와 버피가 다시 물을 먹으러 가네요.

"한 번 더 가자꾸나, 버피!"

물이 밀려올 것 같으면 얼른 또 올라오고요. 버피는 이제 재미있나 봐요. 제가 먼저 바위를 오르락내리락 신이 났어요.

"어떠냐, 재미있지?"

"네!"

버피가 배시시 웃기까지 하네요. 정말 다행이에요.

♣ 새끼 침팬지는 어미를 따라 하면서 살아가는 데 필요한 모든 것을 익힙니다. 자라면서 또래와 어울리고 암컷 무리에 함께 있으면서 계속 배워 나가지요.

물을 다 마신 게꾸로 할머니는 바위를 이곳 저곳 살펴보고 있어요.

"그래, 여기가 좋겠구나."

할머니는 한곳을 딱 찜하더니 열심히 핥아먹어요.

별 걸 다 먹는다고요? 바위가 무슨 맛이냐고요?

할머니는 염분, 그러니까 소금기를 핥아먹는 거예요. 침팬지들도 염분을 섭취해야 하거든요.

할머니가 하는 모습을 유심히 보던 버피도 할머니를 따라 바위를 핥고 있어요. 그런데 버피가 제대로 염분이 있는 곳을 찾거나 했는지 모르겠어요. 그냥 할머니 흉내만 내고 있는 것은 아닌지……. 하지만 버피도 곧 익숙해질 거예요. 어느 부분이 염분이 적당한지 알아내는 선수가 되겠지요, 게꾸로 할머니처럼요.

탕가니카 호수가 점점 발갛게 물드는 저녁, 게꾸로 할머니와 버피가 슬슬 숲을 향해 발걸음을 옮겨요.

게꾸로 할머니는 나무 위에 넉넉한 잠자리를 만들었어요. 버피를 품에 안고도 편안히 잘 수 있는 잠자리를요. 침팬지들은 다음 새끼가 태어나거나 새끼가 다섯 살이 될 때까지 어미와 함께 잠을 자요.

버피는, 글쎄요, 그보다 더 걸릴지도 모르겠어요.
할머니의 사랑이 더 오래 필요할지도!

게꾸로 할머니의 비밀

다음 날은 관광객이 더 많이 올라왔어요.

음! 드디어 마할레 침팬지들의 매력을 알게 된 모양이지요? 헤헤!

그러나 사람들이 많이 왔다고 해서 한꺼번에 산에 오를 수는 없어요. 작년 독감 사건으로 우리가 귀하신 몸이 되었거든요. 즉 침팬지를 구경하거나 관찰할 때 지켜야 할 규칙들이 생긴 거지요. 한 번에 안내원 포함해서 6명 이상은 안 되고요, 하루에 1시간 이내 총 18명까지 볼 수 있답니다. 마스크도 써야 하고 반드시 10미터 거리를 유지해야 하고요.

방송국 아저씨들이 그러셨죠.

"이거 답답해, 큰일이네!"

헤헤! 왜 안 그러시겠어요? 정말 곤란하셨겠지요.

그래서 국립공원 관리소 아저씨들을 간신히 설득해서 촬영할 때는 예외로 하기로 한 것 같은데 문제는 또 있었어요.

침팬지나 사람이나 먹는 게 최고죠! 그럼요! 그런데 우리를 보러 올 때는 음식을 가져오면 안 된답니다. 관광객들이야 잠시 보고 내려가면 되지만 방송국 아저씨들은 정말 곤란하셨지요.

히히! 오죽하면 우리가 나무 열매 따먹는 걸 보고 군침을 삼키셨겠어요!

뭐, 간단한 음식물은 되는 것으로 관리소에서 양보한 모양이지만 방송국 아저씨들 처지가 말이 아니네요. 얼마나 허기지실까?

"아저씨들! 가실 때 말씀하세요. 알로푸 대장님께 말해서 열매 듬뿍 싸 드릴게요."

그리고 안타깝게도 방송국 아저씨들보다 관광객이 우선이라네요! 관광객이 침팬지를 구경하길 기다렸다가 촬영을 해야 한대요. 그런데 관광객들이 떠들고 지나가면 침팬지들이 놀라서 후닥닥 숲으로 뛰어 들어 가 버리거든요.

도와 드리고 싶지만 어쩔 수가 없어요. 겁먹은 침팬지들이 어찌나 빨리 숨어 버리는지!

하긴 침팬지 세계에 사람들이 들어오는 건 꽤 신경 쓰이는 일이에요. 우리의 생활을 마음대로 구경하고, 조사하고, 세상에 알리고. 모

두 우리가 원해서라기보다는 사람들이 필요해서잖아요. 침팬지들을 보호하기 위해서라고 하는데…… 정말 그렇게 되길 바라요.

어른 수컷 침팬지들도 사람들이 거슬리는 건 마찬가지인가 봐요.

파나나 아저씨, 알로푸 아저씨, 칼룬데 아저씨를 비롯해서 여러 어른 침팬지들이 모였다가

"아이구, 요즘은 왜 이렇게 사람들이 많지?"

하고는 어슬렁어슬렁 숲으로 들어가 버렸어요. 암컷이나 새끼 침팬지들처럼 화들짝 놀란 건 아니었지만 혹시 모르지요. 아저씨들도 겉으로는 아닌 척해도 속으로는 겁이 나는지요.

방송국 아저씨들 가슴도 콩닥콩닥하다가 실망으로 가득 찼지요.

일곱 마리나 되는 침팬지를 보고 실컷 찍고 싶으셨을 텐데.

하지만 다행히 아저씨들은 내려가는 길에 게꾸로 할머니를 만나게 되었어요.

'혹시 할머니가 자신이 주인공이라는 사실을 눈치 챈 것은 아닐까?'

이상하게 요즘은 아저씨들 앞에 잘 나타나신단 말이에요!

"앗, 게꾸로 여사! 카메라 빨리 빨리!"

감독님은 이제 게꾸로 할머니를 한눈에 알아봅니다. 둘의 호흡이 척척 맞는 것 같아요.

게꾸로 할머니는 마침 버피에게 개미 사냥 특강을 하러 가시는 길이셨어요.

버피는 나뭇가지 낚싯대를 만드는 솜씨부터 아직 많이 서툴지요.

삐뚤빼뚤한 낚시대를 구멍에 찔러 보지만 건지는 것은 별로 없어요. 개미가 많은 구멍을 못 찾은 건지 이 구멍 저 구멍 넣어 보는데 나뭇가지만 자꾸 꺾이네요.

한 눈으로는 할머니를 곁눈질하고 한 눈으로 개미를 찾고, 눈만 바쁜 버피! 할 수 없지요. 줄행랑치는 개미를 손으로 쓸어다가 입에 넣어 버립니다.

"호호호! 그래 가지고 몇 마리나 입에 들어가겠니?"

할머니는 처음부터 차근차근 다시 시범을 보이셨습니다.

"자, 낚싯대부터, 그렇지! 천천히 똑바로 집어넣어 보렴!"

될 듯 말 듯! 버피는 개미잡기가 잘 되지 않나 봐요. 조그맣게 한숨을 쉬어요.

"천천히 해라, 버피!"

급할 것 있나요? 버피는 아직 어리고 게꾸로 할머니는 내일도 차근차근 가르쳐 주실 텐데요.

슬슬 지루해지는데 카메라맨 아저씨는 꼼짝 않고 게꾸로 할머니와 버피를 찍고 계시네요. 오히려 이러시네요.

"버피야, 자꾸 틀려라. 옳지, 또 틀려라. 많이 찍게!"

그런데 며칠 후 새로운 소식이 들렸어요.

게꾸로 할머니가 어린 침팬지 하나를 더 보살피고 있다는 거예요.

'뭐? 혹시 할머니의 진짜 손녀라도 나타난 거 아냐?'

진짜 손녀가 나타났다고 할머니가 비피를 버리거나 구박하는 것은 아니겠죠? 그럼 어떻게 해요? 그럼 안 되는데…….

나는 여기저기 뛰어다니며 할머니와 버피를 찾았어요. 그러다 문득 이런 생각이 들었어요.

'게꾸로 할머니의 아들딸들은 다 어디 갔지?'

그러고 보니 할머니에게 자식이 있다는 이야기는 못 들어 본 것 같아요.

게꾸로 할머니는 독신주의자라서 결혼을 안 했을까요? 맞아요, 할머니는 노처녀인지도 몰라요!

'게꾸로 할머니다!'

드디어 할머니를 찾았어요. 나는 걱정을 하며 달려왔는데 할머니는 나무줄기를 얼기설기 엮어 놓고 한가롭게 쉬고 계셨어요.

당장 가서 물어보려는데 근처 나무에서 암컷 새끼가 쪼르르 내려오더니 할머니에게 다가가네요.

'저 침팬지인가?'

할머니는 버피에게 하듯 새끼 침팬지를 꼬옥 안아 주었어요.

어쩜! 소문이 사실일까요? 도대체 버피는 어디 있는 걸까요?

아, 저기 있네요. 게꾸로 할머니가 일어나는 것을 보고 버피도 할머니 옆으로 다가왔어요. 할머니는 버피도 한번 꼬옥 안아 주셨어요. 그러고는 셋이 앉아 털고르기를 하네요.

아, 정말 보기 좋은 광경이에요. 엄마가 새끼들 털 골라 주는 모습을 처음 보는 것도 아닌데 괜히 가슴이 찡한 거 있죠!

한참 털을 고르고 나서 게꾸로 할머니와 새끼들은 사바 플로리다 나무로 옮겨 갔어요. 노란 액즙이 씨앗을 싸고 있는 이 열매는 한창

맛이 들었어요. 새끼들은 거꾸로 할머니를 따라 열매를 야금야금 잘도 먹어요.

그러다 할머니가 나무에서 내려오자 새끼들도 따라 내려왔지요. 한 마리를 등에 업고 할머니는 버피와 카시하 강 쪽으로 걸어가네요.

"버피야, 동생이 생기니 좋지? 외롭지 않고 말이다!"

"네!"

"내일은 친엄마한테 보내야겠지만 자주 만나서 자매처럼 지내렴."

버피가 조그만 머리를 끄덕였어요. 아, 할머니 손녀가 아니었군요. 할머니가 빙그레 웃으며 버피를 내려다보았어요.

"버피야, 이 할머니는 아기를 낳지 못하는 병이 있었단다. 젊었을 때는 다른 암컷들처럼 새끼를 낳지 못하는 것이 너무 슬펐지. 지금은 아니지만."

앗! 이런 중요한 순간에 부시럭부시럭 발소리가 날 게 뭐람! 어디서 나는 소린가 보았더니 거꾸로

할머니의 얘기를 엿듣고 있는 게 나뿐이 아니잖아요? 방송국 아저씨에 코리오오야마 의사 아저씨까지 숨어 있었어요.

"그러니까 게꾸로 여사는 한 번도 새끼를 낳은 적이 없나요?"

"게꾸로 여사는 선천성 자궁 기형이에요. 새끼를 낳을 수가 없지요. 암컷 침팬지는 5~6년마다 새끼를 낳는데, 게꾸로 여사가 정상이었다면 지금쯤 아들딸을 다섯이나 여섯은 두었을 거예요."

아저씨들의 말소리가 들렸는지 게꾸로 할머니는 얼른 새끼들을 데리고 가 버렸어요.

"아이쿠! 아얏!"

이건 또 무슨 소리야. 뒤를 돌아보니 이런, 야단났어요!

게꾸로 할머니를 쫓아간다고 앞장섰던 안내원 아저씨가 땅벌집을 건드렸나 봐요!

"윙! 윙!"

아저씨들은 '걸음아 날 살려라' 도망가고, 벌들은 성나서 쫓아가고 난리예요.

그 와중에도 카메라맨 아저씨는 카메라를 꼭 안고 뛰고, 감독님은 머리를 감싸 쥐고 뛰시네요. 이거, 아프리카 땅벌 맛을 톡톡히 보신 것 같은데요.

그러기에 남의 비밀을 그렇게 몰래 엿듣는 게 아니라고요, 헤헤!

그래도 숙소로 돌아간 감독님은 여유 있게 말씀하시더라고요.

"괜찮아, 벌침도 맞는데 뭐!"

머리에 혹은 났지만, 여기저기 따갑지만, 마음은 뿌듯하셔서일 거예요. 소중한 장면을 카메라에 담으셨잖아요.

게꾸로 할머니와 버피의 아름다운 비밀을요!

3부

자유를 찾은 알루프 대장

알로푸는 괜찮습니까?

"훗~후후훗후~ 훗훗~!"

타! 타악! 나무 부딪치는 소리까지!

"아침부터 왜 이리 시끄러운 거야!"

무슨 일인가 나가 보았더니 어라, 안 보이던 수컷 침팬지들이 보여요. 수컷 무리를 이끌고 먹이 정찰을 나갔던 알로푸 대장님이 돌아온 모양이에요.

그 동안 숲이 조용했는데 한동안 또 시끄럽게 생겼어요.

수컷 침팬지들은 힘겨루기로 우열을 정하기 때문에 언제 어디서나 힘을 과시하고 다녀요. 막 소리를 지르고, 쾅쾅 뛰어다니고, 나무통을 집어던지지요. 특히 우리 동네에서 온몸에 힘주고 공포 분위기 조성하는 아저씨는, 이제 아실 거예요. 그 유명한 핌 아저씨 말이에요. 언젠가 할머니들이 속닥거리는 소리를 들었는데요.

　"핌 개가 어렸을 때는 지 또래 중에 제일 자그마했어. 그러던 녀석이 커서 저렇게 유세를 떨 줄 누가 알았느냐고, 글쎄!"

　　하시더라고요. 지금도 잘 보면 핌 아저씨는 몸집이 작은 편이에요. 있는 대로 털을 다 부풀리고 다녀서 그렇지! 어쨌든 아저씨의 그 사나운 기세는 누구도 말리기 어려운데다 계속 되고 있어, 마할레 침팬지들의 최고 뉴스거리랍니다. 핌 아저씨가 언제 대장에게 도전할지 걱정 반 기대 반이라고 할까요!

하지만 알로푸 대장님이 있는데 핌 아저씨라뇨? 어림없지요. 그럼요!

이크, 핌 아저씨예요. 털을 곤두세우고 숲으로 들어가는 걸 보니 또 한 차례 난리가 날 것 같아요.

"아! 그리워라 평온했던 시절!"

암컷 침팬지와 새끼 침팬지들만 있을 때는 편안하고 좋았는데 말이에요.

"아니지! 그런 어린애 같은 생각은 버려야지. 나도 곧 아홉 살인데 흠흠!"

아홉 살이면 한참 어린애 같죠? 하지만 침팬지 세계의 나이는 사람들하고 차이가 있어요. 다섯 살까지 유아기인 것은 비슷하지만 여섯 살에서 아홉 살까지 아동기가 끝나고, 열 살부터 열여섯 살까지 청년기예요.

사람으로 따지면 한참 파릇파릇한 청년인 열일곱 살부터 서른 살까지가 장년기이고, 그 다음부터는 노년기로 봐요.

그러니까 나도 어엿한 청년, 나약한 생각은 버리고 꿈을 크게 가질 때라는 말이지요! 누가 아나요? 10년 후엔 내가 우리 무리의 우두머리가 되어 있을지도요. 웃을 일이 아니라고요!

진짜로 모든 어린 수컷은 그럴 가능성이 있고, 자라면서 대장 자리를 노리고 힘을 키우고 있다고 볼 수 있어요. 귀여워 보이지만 무서운 녀석들이죠!

그래서일까요? 요즘 들어 알로푸 아저씨는 파나나 아저씨와 자주 털고르기를 해요. 핌 아저씨 같은 젊은 침팬지의 위협에 불안을 느끼고 있는지도 몰라요.

♣ 침팬지도 사람처럼 나이가 들면서 얼굴색이 짙어지고 주름이 생기며 털도 성글어지지요. 야생에서의 평균 수명은 45~50세 정도입니다.

"파나나, 싸움 나면 내 편 들어 줄 거지?"

이런 의미의 털 고르기가 아닐까요?

불과 5년 전에 서로 내쫓고 내쫓기셨던 분들이 이제는 한 편이 되다니! 기억력이 매우 나쁘시거나 마음이 탕가니카 호수처럼 넓거나 둘 중의 하나일 거예요.

아! 여기저기서 또 싸우는 소리가 들리네요. 괜히 얼쩡거리다가 다칠 것 같아요. 그렇다고 재미있는 싸움 구경을 놓칠 수는 없지요, 헤헤! 멀찌감치 물러서서 누가 우리 동네 대장인지 봐야겠어요.

쫓고 쫓기는 소리가 서너 차례 들리더니 파나나 아저씨가 허겁지겁 뛰어나왔어요. 아저씨는 당한 게 분했는지 나무를 분지르고 이리 뛰고 저리 뛰고 소동을 피워요. 주변에 있던 엄마 침팬지들까지 부산해졌어요.

♣ 수컷들의 대장을 연구자들은 '으뜸 수컷(알파 메일)'이라고 합니다. 그 아래로 2인자, 3인자 등 서열이 정해져 있지요. 사냥을 하거나 먹이를 먹을 때, 또 암컷과 짝짓기할 때 언제나 으뜸 수컷이 먼저입니다. 보통 2~3년에 한 번씩 대장이 바뀐답니다. 수컷들은 자라면 으뜸 수컷이 되기 위해 늘 도전하는데, 다른 수컷과 힘을 합치는 연합 작전을 펴기도 한답니다.

"얘들아, 위험하다, 어서 피하자!"

어미 침팬지들은 새끼들을 데리고 서둘러 나무 위로 피해요.

"어머머, 파나나 씨 점잖은 줄 알았더니 싸움판에 끼니 똑같네, 똑같아!"

그러거나 말거나 파나나 아저씨는 나무통을 이리저리 휘두르고 있어요. 이 소동에 침팬지보다 사람들이 더 흥분한 것 같아요. 안내원 아저씨랑 연구팀 아저씨들이 열띤 논쟁을 벌이고 있어요

"파나나가 다시 대장 자리를 노렸다가 실패한 게 분명해요."

"아니에요. 알로푸가 핌에게 진 거라고요."

"아니라니까요."

방송국 아저씨들도 헐레벌떡 달려왔어요.

"드디어 알로푸에 도전하는 수컷들의 싸움이 일어났군요. 어때요? 알로푸는 괜찮습니까?"

감독님은 은근히 알로푸 대장님을 편드는 것 같아요.

"아무래도 보노보가 없는 틈을 타 핌이 권력을 쟁취한 것 같아요."

코리오오야마 아저씨는 핌을 응원하는 듯해요. 이러다가 아저씨들도 편이 갈리겠는데요!

그런데 보노보 아저씨는 이런 때 어디 가셨지요? 서열 2위 보노보 아저씨의 임무는 서열 1위 알로푸 대장을 지키는 것! 그 동안에도 서열 4위 프리머스 아저씨와 3위 핌 아저씨가 알로푸 대장에게 도전했었는데 그때마다 보노보 아저씨한테 당해 꼼짝 못 했지요. 중요한 순간에 경호 대장이 없으니 어떻게 된 건지! 알로푸 대장님은 어떻게 되셨을까요?

그 때 숲에서 수컷들이 싸우는 소리가 또 들려왔어요. 수컷 침팬지들이 이리저리 날뛰는 소리에 감독님이 숲에 돌진하려고 해요.

"중요한 장면이에요. 놓칠 수 없어!"

"절대 안 돼요. 다칠 수도 있다고요."

안내원 로리 아저씨가 가로막으며 수첩을 꺼냈어요.

"위반 사례 세 건 접수 됐어요. 마스크도 안 썼고 관광객에 끼어 촬영도 했고, 그리고 또……."

"알았어요, 알았다고요, 그래도 한 번만!"

감독님의 애교 띤 미소에 로리 아저씨도 고개를 한 번 젓고는 길을 비켜 주었어요. 역시 나라와 인종이 달라도 미소는 어디에서나 통한다니까요, 헤헤!

그래서 카메라를 멘 아저씨 한 명만 급히, 숲으로 들어갈 수 있었어요. 이런 중요한 순간에 내가 빠질 수 있나요. 겁이 나기도 했지만 나도 얼른 들어갔어요.

높은 나무에 올라가 내려다보니 수컷 침팬지들이 모여 웅성거리고 있었어요. 뭘 서로 빼앗았다 뺏겼다 야단이 났어요.

'뭘 갖고 저러지?'

좀 더 가까이 내려가 보았어요. 아, 핌 아저씨가 보여요. 그 앞에는 레드 콜로부스 원숭이가 축 늘어져 있고요.

아, 레드 콜로부스 원숭이를 사냥하느라 그렇게 요란했던 거네요. 사냥은 이미 끝난듯 했지만 누가 사냥감을 차지하느냐도 중요한 싸움이지요.

핌 아저씨가 발로 땅을 탕탕 구르며 으름장을 놓아요. 다른 침팬지들이 멈칫하는데 보노보 아저씨가 나뭇가지를 들고 소리를 크게 질렀어요. 그러자 핌 아저씨도 주춤하네요.

어느새 사냥감은 보노보 아저씨에게 넘어갔고, 알로푸 대장이 레드 콜로부스 원숭이를 쥐고 앉아 가장 많이 드셨지요.

알로푸 대장이 아직 우리의 우두머리라는 확실한 증거지요!

침팬지 무리에서 2~3년마다 우두머리가 바뀌는 것은 일반적인 일이에요. 하지만 쉽게 바뀐다는 것은 무리를 이끌 능력이 그만큼 부족했다는 것 아닐까요? 자격 있는 우두머리가 굳건히 자리를 지키고 있어야 질서와 평화가 유지될 수 있을 것 같아요.

감독님도

"힘도 세고 영리한 알로푸가 역시 우두머리감이지요!"

하셨다고요. 그런데 나는 다음 말에 깜짝 놀랐어요.

"녀석들이 싸우는 모습을 자주 볼 수 있을 것 같아 안심이야!"

하고 좋아하시는 거 있죠?

감독님! 진짜 너무하시는 거 아니에요!

핌의 도전

정말 동네가 하루도 조용할 날이 없어요. 길에는 부러진 나뭇가지가 즐비해요.

이거는 프리머스 아저씨가 부러뜨린 거! 이거는 핌 아저씨! 이건 보노보 아저씨! 핌 아저씨! 핌 아저씨! 핌 아저씨……

드디어 핌 아저씨에게 기회가 왔어요.

알로푸 대장이 동네를 비운 거예요.

핌 아저씨는 동네 이 끝에서 저 끝까지 달리며 소리를 질러 댔어요.

"후홋, 후후훗!"

"어이쿠, 또 시작이군!"

모두들 그 서슬에 놀라 나무 꼭대기로 잽싸게 올라갔어요.
그러나 핌 아저씨는 이단 옆차기로 나무를 막 차대기까지 해요.
"아, 아저씨! 좀 그만하세요. 떨어지겠어요."
나는 나무를 꼭 잡고 버텼어요. 나무가 흔들거리니 정신이 하나도 없어요.

핌 아저씨는 커다란 나무토막을 이리 저리 휘두르며 거칠게 과시행동을 계속하고 있어요.

아무래도 이번에는 심상치가 않아요. 핌 아저씨는 알로푸 아저씨가 없을 때 수컷들을 확실히 제압하려는 것 같아요.
'어떡하지? 얼른 알로푸 아저씨한테 알려야 하는데!'
나는 살금살금 나무에서 내려와 알로푸 아저씨를 찾아 나섰어요.
아무리 큰 소동도 대장이 모습을 나타내면 언제 그랬냐는 듯 조용해질 거예요.

핌 아저씨가 쫓아오지는 않을까 뒤돌아보니 이런! 수컷들이 한두 마리씩 핌 아저씨 앞으로 모여들고 있어요. 이 사태를 막기는 이미 늦었는지도 몰라요.

그리고……

알로푸 아저씨가 돌아오셨어요. 그렇게 찾아도 안 보이시더니…….

아저씨가 천천히 동네 안으로 들어서자 사방이 고요해요.
폭풍 전야! 곧 한바탕 난리가 나겠지요.

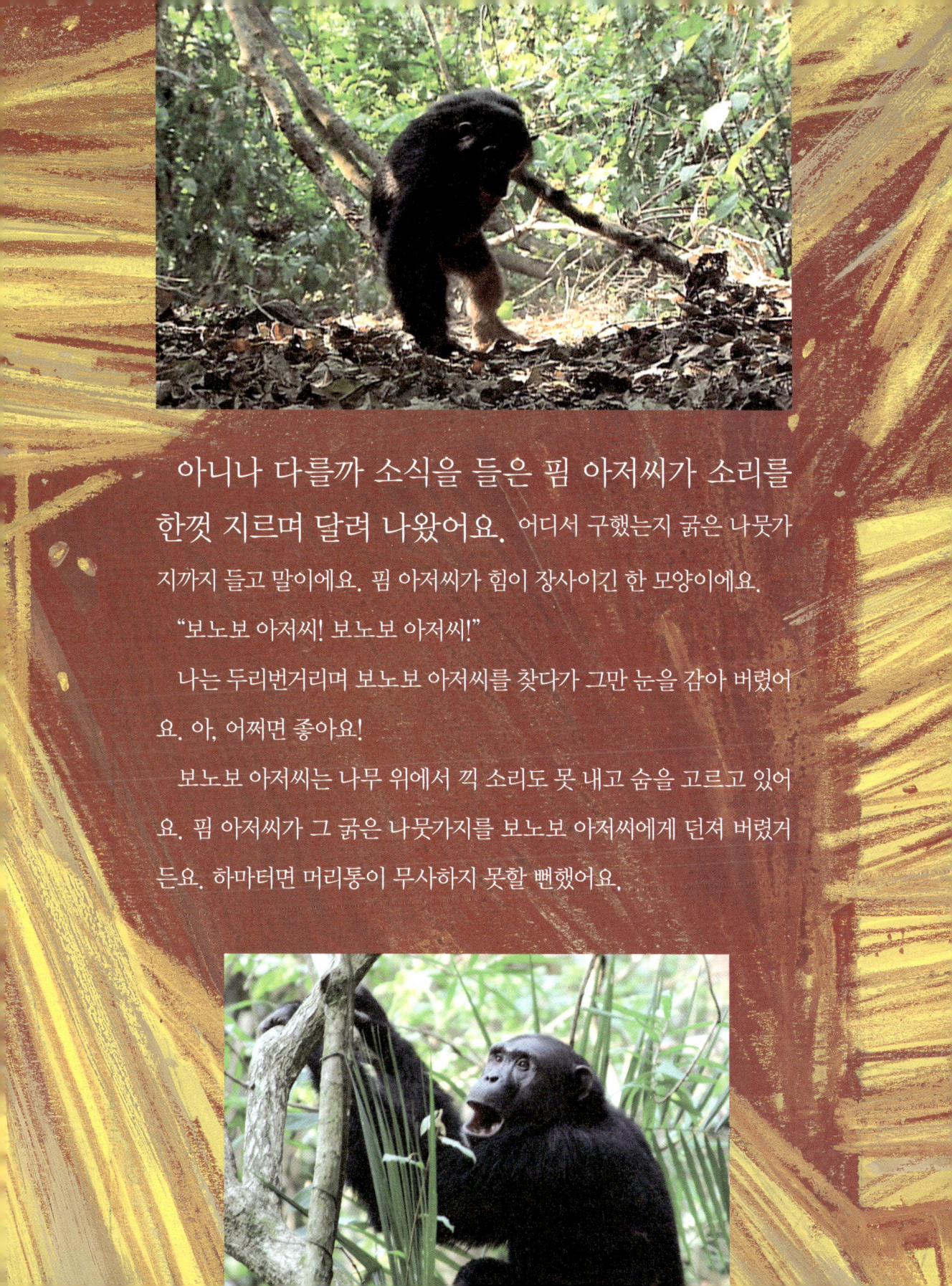

아니나 다를까 소식을 들은 핌 아저씨가 소리를 한껏 지르며 달려 나왔어요. 어디서 구했는지 굵은 나뭇가지까지 들고 말이에요. 핌 아저씨가 힘이 장사이긴 한 모양이에요.

"보노보 아저씨! 보노보 아저씨!"

나는 두리번거리며 보노보 아저씨를 찾다가 그만 눈을 감아 버렸어요. 아, 어쩌면 좋아요!

보노보 아저씨는 나무 위에서 끽 소리도 못 내고 숨을 고르고 있어요. 핌 아저씨가 그 굵은 나뭇가지를 보노보 아저씨에게 던져 버렸거든요. 하마터면 머리통이 무사하지 못할 뻔했어요.

그러자 다른 수컷 침팬지들이 약속이나 한 듯이 핌 아저씨에게 길을 내 주었어요.
한껏 기가 산 핌 아저씨는 나뭇가지를 그대로 든 채 알로푸 아저씨에게 돌진했어요.
당황한 알로푸 아저씨가 도망을 가요.
"이제는 우두머리 자리를 내놓으시지, 알로푸!"

핌 아저씨가 무섭게 쫓아가자, 미처 피하지 못한 새끼 침팬지들이 울부짖는 소리들이 들려요. 난리도 이만저만한 난리가 아니에요.

급기야 카시하 강까지 쫓긴 알로푸 대장은 나무줄기를 잡고 위로 올라가려 했어요.

아뿔사! 나무줄기가 부러지고 알로푸 대장은 땅바닥에 나동그라졌어요.

나의 우상 알로푸 대장님이 이렇게 무너지다니요!

아저씨 자신도 기가 막힌지 우두커니 땅바닥에 앉아 있어요.

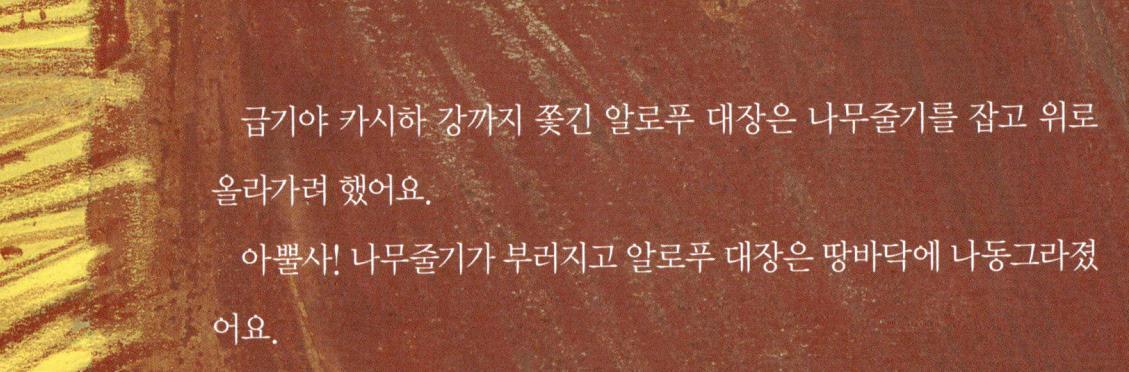

그런데 정말 너무들 해요. 모두들 나무 위에서 핌 아저씨의 눈치만 살피고 있어요. 어제까지 우리의 대장을 모른 척하고!

어휴! 이제 우리 우두머리는 핌 아저씨예요. 핌 아저씨가 씩씩거리며 숲을 빠져나가자 모두 나무에서 내려와 핌 아저씨를 따라가네요. 알로푸 아저씨는 아랑곳하지 않고 말이에요.

나까지 그럴 수는 없지요. 그래서 멀찍이 떨어져 알로푸 아저씨를 따라갔어요. 터덜터덜 혼자 걸어가는 모습이 어찌나 쓸쓸해 보이던 지요. 알로푸 아저씨가 발걸음을 멈추고 마탐부카 나뭇잎을 훑어 먹었어요.

'핌 아저씨에게 쫓기느라 배가 고프셨나?'

아마도 마음이 허전해서겠지요.

이런 때는 모른 척 좀 해 주시지, 촬영팀은 오늘도 알로푸 아저씨 뒤를 졸졸 따라왔지 뭐예요.

감독님은 촬영보다 위로의 말을 건네고 싶었을지도 몰라요.

"알로푸씨 괜찮으세요?"

하고요.

카메라는 쓸쓸한 알로푸 아저씨의 뒷모습을 계속 쫓아가며 찍었고 알로푸 아저씨는 카메라와 감독님을 못 본 척 그냥 내려가 버렸어요. 당연하지요. 얼마나 민망하시겠어요? 핌 아저씨에게 지는 장면을 제대로 들켜 버렸는데요.

휘적휘적 길을 내려가면서 알로푸 아저씨는 무슨 생각을 하실까요?

핌에게 대장 자리를 빼앗긴 게 억울하고 분할까요?

오히려 위태로운 순간이 지나가 한숨 놓았을까요?

이제 평범한 침팬지로 마음 편히 살아야지 하고 애써 스스로를 다독이고 있는지도 모르지요.

마침 알로푸 아저씨가 흰개미집을 발견했어요. 흰개미집은 침팬지들이 속이 쓰릴 때 먹으면 속이 편안해지는 약이에요. **알로푸 아저씨는 흰개미집을 닥치는 대로 많이도 뜯어먹어요.**

부디 아저씨의 속이 많이 풀려야 할 텐데요.

그런데 참 이상해요. 이제 숲이 조용해졌겠지 하고 돌아와 보았더니 여전히 난장판이에요.

핌 아저씨가 여전히 소리소리 지르며 수컷 침팬지들을 꼼짝 못하게 다잡고 과시행동을 해 대는 거예요.

"쯧쯧! 알로푸가 다시 공격해 올까 봐 저리 망나니 짓을 해 대는 게야!"

칼룬데 할아버지 말씀으로는 핌 아저씨가 마음을 못 놓아서래요.

♣ 서열을 정하기 위한 수컷들의 싸움과 과시행동은 아래 서열의 수컷이 완전히 승복할 때까지 여러 차례 반복됩니다. 그 사이 예전 으뜸 수컷이 아닌 다른 수컷들이 서로 힘을 합쳐서 새로운 으뜸 수컷에게 도전하기도 하기 때문에 새 으뜸 수컷은 한동안 긴장할 수밖에 없답니다.

그럴 만도 하지요. 알로푸 대장님은 그래도 카리스마가 있었다고요. 당장 대장이 되기는 했지만 핌 아저씨는 불안할 거예요. 또 누가 도전해 올지 모르니 말이에요.

에이! 대장 자리가 멋있어 보였는데 별로 쓸 만한 게 못 되는 것 같아요. 죽어라고 싸워 이기면 뭐해요? 경계심을 늦출 수 없고 끊임없이 도전에 맞서 싸워야 하니 좀 힘들어요?

그냥 맛있는 열매 따먹고 오순도순 지내는 게 나은 것 같아요. 개꾸로 할머니와 버피처럼요!

할머니와 버피는 마탐부카 잎을 맛있게 따먹고 있어요. 나도 가서 따먹어야지!

그런데 핌 아저씨가 이번엔 돌멩이를 마구 던져 대는 거예요. 던질 나뭇가지가 떨어졌는지!

"에구, 수컷들은 다 저 모양이야……."

개꾸로 할머니는 구시렁거리며 버피와 그 자리를 피했어요.

정말 언제쯤 동네가 조용해질까요?

마할레의 평화를 위하여

"이래 가지고 어디 촬영하겠나! 이게 다 핌 녀석 때문이라고!"

감독님도 핌 아저씨가 영 못마땅하신가 봐요.

그 과시 행동은 언제쯤 끝날는지!

"핌 아저씨! 우리, 아저씨 성질 무섭고 싸움 되게 잘 하는 거 이제 다 안다고요! 그러니 그만 좀 하세요!"

그러나 핌 아저씨는 거르지 않고 꼭 꼭 힘을 과시해야 직성이 풀리나 봐요. 아니, 안심이 된다고 봐야겠지요.

　모두 벌벌 떨며 지내지만 특히 새끼 침팬지들과 어미 침팬지들은 더 불안해해요. 조그만 소리에도 깜짝 놀라 도망치기 바빠요. 그러니 감독님은 핌 대장이 원망스러울 뿐이지요.

　"감독님, 보기 드문 서열 쟁탈전을 찍게 되셨다고 좋아하셨는데, 조금 후회되시지요?"

　어떻게 동네를 지키는 핌 아저씨가 없을 때 더 평화로운지 별일은 별일이에요.

햇볕이 따사로운 오후, 게꾸로 할머니와 버피, 알로푸 아저씨와 파나나 아저씨, 그리고 다른 여러 침팬지들이 모여 털을 고르고 있어요. 버피도 이제 많이 큰 것 같아요. 또래 침팬지랑 털을 고르고 나무도 제법 잘 타고 놀아요. 아모 아주머니네 막내도 여전히 잘 까불고 있고요!

알로푸 아저씨는 묵묵히 칼룬데 할아버지의 털을 골라 주고 있네요. 무거운 짐을 벗고 한가로운 알로푸 아저씨! 우두머리 자리 내주고 알로푸 아저씨는 대신 자유를 얻은 것 같아요.

에이, 그깟 대장 하면 뭐해요. 마음 편하게 사는 게 제일이지요. 파나나 아저씨도 알로푸 아저씨도 지금이 별로 나쁘지 않다고 하실 것 같아요.

제발 핌 아저씨만 가만있는다면요!

숲에서 또 울부짖는 소리가 들리네요. 침팬지들이 끙끙거리며 안절부절 못하기 시작해요.

핌 아저씨와 덩치 큰 아저씨들이 난동을 부리는 거예요. 나뭇가지를 분지르고 나무를 차대고, 흔들어 대기까지 하나 봐요!

"또 시작이군!"

파나나 아저씨와 오리온 아저씨는 이제 새삼스러울 것도 없다는 듯 아예 바닥에 누워 잠을 청하고 있어요.

알로푸 아저씨만은 아직 예사로 넘기기 어려운 듯 나무 위로 피해 입을 벌리고 있어요.

우리는 평화롭게 털을 계속 고르고 낮잠을 자고 맛있는 사바 플로리다 나무 열매도 먹고 한낮을 즐기고 있었어요.

그런데 잠시 잠잠하던 핌 대장!

아무래도 그 정도로는 성에 차지 않았나 봐요.

쿵쿵 발소리를 크게 내며 우리에게 왔어요. 엄청나게 크고 굵은 나무통을 들고서!

그런다고 정말 힘 있는 대장이 될까요? 무리를 잘 이끌기는커녕 불안하게만 만들면서 말이에요.

모두 숨죽이며 핌 아저씨가 또 얼마나 소동을 피울지 기다리고 있었어요. 그런데 웬일인지 씩씩대기만 하고 가만 서 있는 거예요.

어휴! 매도 빨리 맞는 게 났다고 그러고 있으니 더 긴장이 되는 거 있지요!

"앗!"

핌 아저씨가 숨을 크게 쉬며 노려 보고 있는 것은 바로 촬영팀 아저씨들과 카메라였어요.

'다들 잘 봐! 나는 너희들이 두려워하는 사람도 겁내지 않는 용감한 침팬지라고!'

핌 아저씨는 행동으로 그것을 보여 주려나 봐요. 이제까지 그 어떤 침팬지도 하지 않았던 행동으로요.

감독님은 그것도 모르고

"분위기가 심상치 않아! 역동적인 장면을 찍을 수 있겠어!"

하시는 거예요.

"아유, 감독님 그게 아니에요."

아, 말도 통하지 않고 정말 답답해서!

그사이 핌 아저씨가 달리기 시작했어요!

　핌 아저씨가 점점 가까워지자 감독님도 이상한 생각이 들었는지 얼굴이 굳어지시네요. 그래도 '설마' 하시는 것 같아요.

　"핌 아저씨는 알로푸 대장하고는 달라요. 어서 피하세요."

　순간 핌 아저씨가 나무통을 감독님 얼굴을 향해 정면으로 던져 버렸어요.

　"악!"

　방송국 아저씨들은 놀라 입을 떡 벌렸어요. 침팬지들도 놀라 지켜보았어요.

　"얍!"

　다행히 감독님은 번개 같은 발차기로 나무통을 막았어요. 모두 다 '휴!' 하고 한숨을 쉬었답니다. 감독님은 얼굴이 다 노래지셨네요.

그렇게 얼이 빠져 있을 때 핌 아저씨는 쌩 몸을 돌려 침팬지들을 향했어요.

핌 아저씨의 다음 목표는 전직 우두머리인 알로푸와 파나나 아저씨!

털을 세워 몸집을 크게 부풀리고는 알로푸 대장과 파나나 아저씨를 향해 달려들었어요.

"꺄오! 꺄오!"

침팬지들이 소리치며 흩어지고 숲은 금세 아수라장이 되었어요.

알로푸 아저씨는 얼른 나무 위로 올라가고 파나나 아저씨도 건너편 나무 꼭대기로 피했어요.

어휴! 알로푸 아저씨 그 위세는 다 어디로 갔어요?
핌 아저씨를 한 번 혼내 주라고요. 나는 정말 답답했어요.

나무 위에서 알로푸 아저씨는 곰곰이 생각에 잠겨 있어요. 무슨 생각을 하는지 다들 자리를 뜨는데도 꼼짝 안 하네요.

'이래서 어떻게 살겠어!'

알로푸 아저씨는 이젠 대장으로서 자신의 할 일을 생각하고 있을지도 몰라요.

'핌 이 녀석 웬만하면 대장자리 내주려 했더니 안 되겠어. 어떻게 혼내 줄 방법이 없을까?'

이렇게 생각하시는 걸까요?

그런데 핌 아저씨도 꼼짝 안 하고 있어요. 알로푸 대장 쪽은 쳐다보지도 않고 가만히요.

드디어 둘만 남았어요.
이러다 또 한 판 붙는 거 아닐까요?

먼저 움직인 것은 알로푸 아저씨예요.
알로푸 아저씨는 큰 결심을 한 것처럼 천천히 핌 아저씨에게 다가갔어요. 어! 알로푸 아저씨가 어쩌려는 걸까요?

　아주 어색하지만 천천히 다가간 알로푸 아저씨가 핌 아저씨의 털을 골라 주어요.

아! 알로푸 아저씨는 핌 아저씨에게 화해를 청하는 거예요.

　멀뚱멀뚱 가만 있던 핌 아저씨도 알로푸 아저씨의 털을 골라 주기 시작했어요.

　날이 점점 저물어 갔지만 둘은 오랫동안 서로 털을 골랐어요.

♣ 침팬지의 승복 행동은 다양합니다. 절을 하듯이 깊숙이 머리를 숙이고 끙끙대는 소리를 내며 공손한 태도를 취하는 것이 가장 일반적인 행동입니다. 아래 서열 침팬지가 먼저 다가가 긴 시간 털을 골라 주기도 하지요. 이렇게 서열이 완전히 바뀌고 화해하는 기간은 길게는 2~3주 정도 걸린다고 합니다.

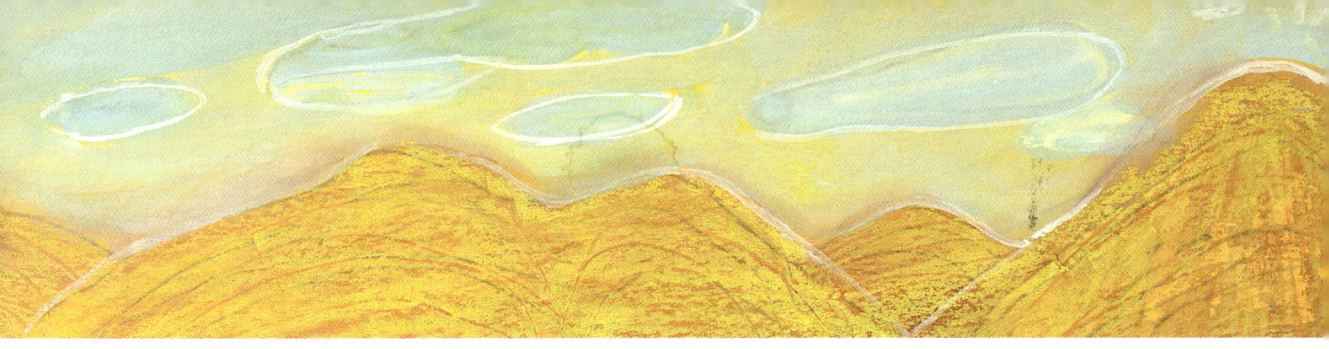

　사실 수컷들끼리 대장 자리를 놓고 싸우는 일은 침팬지 사회를 유지하기 위해 꼭 필요한 일이에요. 젊고 건강한 지도자가 계속 나와야 무리가 튼튼히 유지될 테니까요.

내일부터 숲은 다시 평화로워질 수 있을까요?

　아마 그럴 거예요. 한 마리의 대장을 중심으로 복종하고 협동할 테니까요. 또 다른 도전자가 나타날 때까지는요!

우리를 향한 정말 심각한 위협은 외부에 있어요.

사람들은 집을 짓고 가구를 만들고 농사를 짓는다며 밀림을 파괴하죠. 법으로 금지되어 있지만 여전히 몰래 우리를 사냥하는 사람들도 있어요.

이런 일이 계속된다면 침팬지들은 결국 살아남지 못하게 될 거예요. 생각만 해도 무서운 일이에요.

♣ 백 년 전에 침팬지는 전 세계에 약 100만 마리 정도가 살고 있었답니다. 지금은 불과 20만 마리 정도만 남아 있습니다. 곰베나 마할레 등 동아프리카 지역에 사는 침팬지는 비교적 잘 보호받고 있지만, 서아프리카 지역에서 침팬지는 여전히 밀렵되어 고기로 팔리거나 애완용으로 팔려 가고 있지요. 이들을 잘 보호하기 위해 더 큰 관심과 노력이 필요합니다.

우리 침팬지도 여러분처럼 가족과 친구들과 함께 행복하게 지내고 싶어한다는 것을 항상 기억해 주세요!
지금까지 제 수다를 재미있게 들어주셔서 고맙습니다.

그럼, 아쉽지만 다음에 또 오세요.

안녕!

기획자의 말

「탕가니카의 침팬지들」 제작을 마치고

어린이 여러분, 침팬지 이야기 잘 들으셨나요?

동아프리카 탄자니아의 탕가니카 호숫가에 드넓게 펼쳐져 있는 마할레 국립공원은 침팬지들이 자유롭게 살아가는 신비의 땅입니다. 침팬지들이 좋아하는 여러 종류의 과일나무와 야자나무 등 열대림이 우거져 있는 낙원이지요. 침팬지는 인간과 DNA 구조가 거의 99% 일치하는, 인간과 가장 가까운 동물입니다. 어찌 보면 인간보다 더 인간적이기도 하지요.

그러나 침팬지들에게는 낙원의 땅일지 모르겠으나 그들을 촬영하러 간 우리 MBC 자연다큐멘터리 촬영팀에게는 정말로 하루하루를 지내기가 힘든 땅이었답니다.

우선 이곳을 가려면 탄자니아 국내선 비행기를 타고 대여섯 시간을 날아가야 하고, 다음 날 아침 일찍 배를 타고 하루 종일 거친 파도를 헤치고 가야 하지요. 호수라고는 하지만 너무나 넓어 바다나 다를 바 없어요. 배멀미는 기본이고요, 땅에 내리면 다리가 떨리고 하늘이 뱅뱅 돌 정도랍니다.

이곳에 사는 침팬지들은 먹이를 찾아 산 속으로 이리저리 이동을 하기 때문에 이 녀석들을 찾아 무거운 촬영 장비를 메고 하루 종일 산 속을 헤매고 다녀야 하는 것은 말할 것도 없고요. 우여곡절 끝에 가까스로 찾아도 촬영팀이 쫓아갈 수 없는 험한 절벽이나 높은 산으로 올라가 버리면 닭 쫓던 개처럼 헛수고가 되지요. 땀에 절은 몸을 추스르며 터덜터덜 되돌아올 수밖에요. 그런 일이 몇 번이나 있었는지도 모르겠답니다.

때로는 침팬지들을 쫓아가다가 나무와 덩굴이 이리저리 얽혀 있는 깊은 숲속에서 머리를 마구 쏘아 대는 땅벌에 쫓겨 걸음아 나 살려라 도망칠 때도 있었고요. 한 번 물리면 응급조치할 사이도 없이 죽게 하는 독사를 보고 몸을 떨 때도 있었답니다.

그런데 무엇보다도 맘고생을 한 것은 그런 일들 때문이 아니었답니다. 요즈음 지구 전체가 이상 기후로 인해 몸살을 앓고 있는데 마할레도 예외가 아니더군요. 그러다 보니 건기인데도 불구하고 하늘이 뚫어진 듯 앞이 안 보일 정도로 비가 내리는 바람에 침팬지들이 먹어야 할 과일이 죄다 떨어져 버렸지요. 그러니 침팬지들이 저 높은 산꼭대기로 올라가 통 내려오질 않았어요. 이 녀석들이 내려와 주기만 기다릴 때의 마음이란, 정말 다시 떠올려도 가슴이 죄어 오는 것만 같아요.

그렇지만 지성이면 감천이란 말이 있지요. 침팬지들을 끈질기게 쫓아다닌 끝에 어린 고아 침팬지를 마치 자기 친자식처럼 보살피며 살아가는 할머니 침팬지의 감동적인 모습을 담을 수 있었답니다. 또 5년 만에 침팬지 무리를 이끄는 으뜸 수컷을 몰아내고 그 무리의 새로운 으뜸 수컷이 등장하는 수컷들의 투쟁 이야기도요. 이는 세계에서 최초이자 유일한 일이랍니다.

그 결과 지난 2007년 12월 MBC 창사 46주년 특집 자연다큐멘터리 「탕가니카의 침팬지들」 2부작을 방송하였습니다. 많은 분들이 큰 관심을 보내 주셨습니다.

이제 그 이야기를 담은 책을 어린이들께 전합니다. 어린이들이 우리와 더불어 이 지구에서 살고 있는 생명들을 조금이라도 더 사랑하는 마음을 갖게 된다면 아프리카 밀림에서 지냈던 시간이 더욱 큰 보람으로 다가올 것입니다.

2008년 7월
MBC 자연다큐멘터리 전문프로듀서 최삼규